公职人员必备的 100个法律常识

《中华人民共和国监察法》一本通

《公职人员必备的100个法律常识》编写组　编著

人民出版社

责任编辑:邓创业　鲁　骥　祖　忱

封面设计:胡欣欣

图书在版编目(CIP)数据

公职人员必备的100个法律常识/《公职人员必备的100个法律常识》
　编写组 编著. —北京:人民出版社,2018.5
ISBN 978－7－01－019285－7

Ⅰ.①公…　Ⅱ.①公…　Ⅲ.①法律-中国-普及读物　Ⅳ.①D920.5

中国版本图书馆 CIP 数据核字(2018)第 079703 号

公职人员必备的 100 个法律常识
GONGZHI RENYUAN BIBEI DE 100 GE FALÜ CHANGSHI

《公职人员必备的 100 个法律常识》编写组　编著

人民出版社 出版发行
(100706　北京市东城区隆福寺街 99 号)

北京中科印刷有限公司印刷　新华书店经销

2018 年 5 月第 1 版　2018 年 5 月北京第 1 次印刷
开本:710 毫米×1000 毫米 1/16　印张:17
字数:280 千字

ISBN 978－7－01－019285－7　定价:48.00 元

邮购地址 100706　北京市东城区隆福寺街 99 号
人民东方图书销售中心　电话 (010)65250042　65289539

序　言

依法治国与依规治党、党内监督与
国家监察有机统一的创制之举

2018 年 3 月 20 日，《中华人民共和国监察法》（以下简称《监察法》）经第十三届全国人民代表大会第一次会议表决通过并正式施行。《监察法》的制定是坚持走中国特色监察道路的创制之举，是党的十八大以来反腐败实践经验的制度结晶，是我们党依宪执政、依宪治国的生动实践和鲜明写照，是人民代表大会制度内涵的丰富和发展，是推进国家治理体系和治理能力现代化的战略举措，是贯彻落实党中央关于深化国家监察体制改革决策部署、使党的主张通过法定程序成为国家意志的生动范例。

《监察法》是反腐败国家立法，对国家监察工作起统领性和基础性作用。《监察法》体现了党内监督与国家监察有机统一，必将确保反腐败工作在法治轨道上行稳致远；体现了依规治党与依法治国有机统一，必将有力增强党依法执政的本领；体现了全面深化改革、全面依法治国和全面从严治党有机统一，必将为进行伟大斗争、建设伟大工程、推进伟大事业、实现伟大梦想注入制度伟力。

《监察法》既是监察机关及监察人员依法履职的基本尺度，也是防止监察人员被诬告或遭报复陷害的法制保障，还是所有公职人员乃至全体公民维护自身合法权益的有力法宝。为满足监察人员准确把握的紧迫需求、公职人员及时领会的切身需求、研究人员深入阐释的专业需求和人民群众便捷学习的广泛需求，本书在编写中力求做到"准、新、专、易"，具有以下显著特点。

　　——权威准确。本书编写着重参考最新权威资料和重要文献，全面介绍《监察法》的立法背景，充分体现中央精神和立法原意。

　　——专业严谨。本书设计问题紧扣《监察法》全部条款，解答问题既注重系统阐释《监察法》的整个规范体系，也有重点地阐释《刑事诉讼法》等法律密切相关的规定。

　　——通俗易懂。本书回应不同层次读者的需求，深入浅出，简明扼要。附有最新《宪法修正案》和《监察法》全文，易学易用。

　　由于时间仓促，加之能力所限，本书不足之处在所难免。恳请广大读者朋友不吝指正，以便本书今后再版时能够订正与完善。

　　　　　　　　　　　　　　　　　　　　　　　本书编写组
　　　　　　　　　　　　　　　　　　　　　　　2018 年 3 月

目　录

1. 制定《监察法》的必要性和重要意义是什么？

2018 年 3 月 11 日，第十三届全国人民代表大会第一次会议通过的《中华人民共和国宪法修正案》（以下简称《宪法修正案》）专设监察委员会一节，与此相适应还对《中华人民共和国宪法》（以下简称《宪法》）作了其他修改，这为国家监察立法提供了宪法依据。3 月 20 日，第十三届全国人民代表大会第一次会议通过了《中华人民共和国监察法》（以下简称《监察法》）。《监察法》第 1 条规定："为了深化国家监察体制改革，加强对所有行使公权力的公职人员的监督，实现国家监察全面覆盖，深入开展反腐败工作，推进国家治理体系和治理能力现代化，根据宪法，制定本法。"制定《监察法》，以立法形式将实践证明是行之有效的做法和经验上升为法律，巩固和深化监察体制改革成果，完善和创新国家监察制度，对于实现党中央的决策部署，构建集中统一、权威高效的中国特色监察体制，具有重要意义。

第一，制定《监察法》是贯彻落实党中央关于深化国家监察体制改革决策部署的重大举措。深化国家监察体制改革是以习近平同志为核心的党中央作出的事关全局的重大政治体制改革，是强化党和国家自我监督的重大决策部署。改革的目标是，整合反腐败资源力量，加强党对反腐败工作的集中统一领导，构建集中统一、权威高效的中国特色国家监察体制，实现对所有行使公权力的公职人员监察全覆盖。深化国家监察体制改革是组织创新、制度创新，必须打破体制机制障碍，建立崭新的国家监察机构。制定《监察法》是深化国家监察体制改革的内在要求和重要环节。党中央对国家监察立法工作高度重视，习近平总书记在党的十八届六中全会和十八届中央纪委五次、六次、七次全会上均对此提出明确要求。中央政治局、中央政治局常务委员会和中央全面深化改革领导小组多次专题研究深化国家监察体制改革、国家监察相关立法问题，确定了制定《监察法》的指导思想、基本原则和主要内容，明确了国家监察立法工作的方向和时间表、路线图。党的十九大明确提出："制定国家监察法，依法赋予监察委员会职责权限和调查手段，用留置取代'两规'措施。"《监察法》是反腐败国家立法，是一部对国家监察工作起统领性和基础性作用的法律。制定《监察法》，贯彻落实党中央关于深化国家监察体制改革决策部署，使党的主张通过法定程序成为国家意志，对于创新和完善国家监察制度，实现立法与改革相衔接，以法治思维和法治方式开展反腐败工作，意义重大、影响深远。

第二，制定《监察法》是坚持和加强党对反腐败工作的领导，构建集中统一、权威高效的国家监察体系的必然要求。中国共产党领导是中国特色社会主义最本质的特征，是中国特色社会主义制度的最大优势。我们推进各领域改革，都是为了完善和发展中国特色社会主义制度，巩固党的执政基础、提高党的执政能力。以零容忍态度惩治腐败是中国共产党鲜明的政治立场，是党心民心所向，必须始终坚持在党中央统一领导下推进。当前反腐败斗争形势依然严峻复杂，与党风廉政建设和反腐败斗争的要求相比，我国的监察体制机制存在着明显不适应问题。一是监察范围过窄。国家监察体制改革之前，党内监督已经实现全覆盖，而依照《中华人民共和国行政监察法》（以下简称《行政监察法》）的规定，行政监察对象主要是行政机关及其工作人员，还没有做到对所有行使公权力的公职人员全覆盖。在我国，党管干部是坚持党的领导的重要原则。作为执政党，我们党不仅管干部的培养、提拔、使用，还必须对干部进行教育、管理、监督，必须对违纪违法的干部作出处理，对党员干部和其他公职人员的腐败行为进行查处。二是反腐败力量分散。国家监察体制改革之前，党的纪律检查机关依照党章党规对党员的违纪行为进行审查，行政监察机关依照《行政监察法》对行政机关工作人员的违法违纪行为进行监察，检察机关依照《中华人民共和国刑事诉讼法》（以下简称《刑事诉讼法》）对国家工作人员职务犯罪行为进行查处，反腐败职能既分别行使，又交叉重叠，没有形成合力。同时，检察机关对职务犯罪案件既行使侦查权，又行使批捕、起诉等权力，缺乏有效监督机制。深化国家监察体制改革，组建党统一领导的反腐败工作机构即监察委员会，就是将行政监察部门、预防腐败机构和检察机关查处贪污贿赂、失职渎职以及预防职务犯罪等部门的工作力量整合起来，把反腐败资源集中起来，把执纪和执法贯通起来，攥指成拳，形成合力。三是体现专责和集中统一不够。制定《监察法》，明确监察委员会的性质、地位，明确"各级监察委员会是行使国家监察职能的专责机关"，从而与党章关于"党的各级纪律检查委员会是党内监督专责机关"相呼应，通过国家立法把党对反腐败工作集中统一领导的体制机制固定下来，构建党统一指挥、全面覆盖、权威高效的监督体系，把制度优势转化为治理效能。

第三，制定《监察法》是总结党的十八大以来反腐败实践经验，为新形势下反腐败斗争提供坚强法治保障的现实需要。党的十八大以来，以习近平同志为核心的党中央坚持反腐败无禁区、全覆盖、零容忍，以雷霆万钧之势，坚定不移"打虎"、"拍蝇"、"猎狐"，不敢腐的目标初步实现，不能腐的笼子越扎越牢，不想腐的堤坝正在构筑。在深入开展反腐败斗争的同时，深化国家监察体制改革试点工作积极推进。根据党中央决策部署，2016年12月，十二届全国人大常委会第二十五次会议通过《全国人民代表大会常务委员会关于在北京市、山西省、浙江省开展国家监察体制改革试点工作的决定》，经过一年多的实践，国家监察体制改革在实践中迈出了坚实步伐，积累了可复制可推广的经验。根据党的十九大精神，在认真总结三省市试点工作经验的基础上，2017年11月，十二届全国人大常委会第三十次会议通过《全国人民代表大会常务委员会关于在全国各地推开国家监察体制改革试点工作的决定》，国家监察体制改革试点工作在全国有序推开，目前，省、市、县三级监察委员会已经全部组建成立。通过国家立法赋予监察委员会必要的权限和措施，将《行政监察法》已有规定和实践中正在使用、行之有效的措施确定下来，明确监察机关可以采取谈话、讯问、询问、查询、冻结、调取、查封、扣押、搜查、勘验检查、鉴定、留置等措施开展调查。尤其是用留置取代"两规"措施，并规定严格的程序，有利于解决长期困扰我们的法治难题，彰显全面依法治国的决心和自信。改革的深化要求法治保障，法治的实现离不开改革推动。通过制定《监察法》，把党的十八大以来在推进党风廉政建设和反腐败斗争中形成的新理念、新举措、新经验以法律形式固定下来，巩固国家监察体制改革成果，保障反腐败工作在法治轨道上行稳致远。

第四，制定《监察法》是坚持党内监督与国家监察有机统一，坚持走中国特色监察道路的创制之举。权力必须受到制约和监督。在我国，党的机关、人大机关、行政机关、政协机关、监察机关、审判机关、检察机关等，都在党中央统一领导下行使公权力，为人民用权，对人民负责，受人民监督。在我国监督体系中，党内监督和国家监察发挥着十分重要的作用。党内监督是对全体党员尤其对党员干部实行的监督，国家监察是对所有行使公权力的公职人员实行的监督。我国80％的公务员和超过95％的领导干部是共产党员，这就决定了党内监督和国家监察具有高度的内在一致性，也决定了实行党内监督和国家监察相统一的必然性。这种把二者有机统一起来的监督制度具有鲜明的中国特色。党的十八大以来，党中央坚持全面从严治党，在加大反腐败力度的同时，完善党章党规，实现依规治党，取得历史性成就。完善我国监督体系，既要加强党内监督，又要加强国家监察。深化国家监察体制改革，成立监察委员会，并与党的纪律检查机关合署办公，代表党和国家行使监督权和监察权，履行纪检、监察两项职责，加强对所有行使公权力的公职人员的监督，从而在我们党和国家形成巡视、派驻、监察三个全覆盖的统一的权力监督格局，形成发现问题、纠正偏差、惩治腐败的有效机制，为实现党和国家长治久安走出了一条中国特色监察道路。同时要看到，这次监察体制改革确立的监察制度，也体现了中华民族传统制度文化，是对中国历史上监察制度的一种借鉴，是对当今权力制约形式的一个新探索。制定《监察法》，就是通过立法方式保证依规治党与依法治国、党内监督与国家监察有机统一，将党内监督同国家机关监督、民主监督、司法监督、群众监督、舆论监督贯通起来，不断提高党和国家的监督效能。

第五，制定《监察法》是加强宪法实施，丰富和发展人民代表大会制度，推进国家治理体系和治理能力现代化的战略举措。《宪法》是国家的根本法，是治国安邦的总章程，是党和人民意志的集中体现。在总体保持我国宪法连续性、稳定性、权威性的基础上，十三届全国人大一次会议对《宪法》作出部分修改，把党和人民在实践中取得的重大理论创新、实践创新、制度创新成果上升为宪法规定，实现了宪法的与时俱进。这次宪法修改的重要内容之一，是增加有关监察委员会的各项规定，对国家机构作出了重要调整和完善。通过完备的法律保证宪法确立的制度得到落实，是宪法实施的重要途径。在本次人民代表大会上，先通过《宪法修正案》，然后再审议《监察法》草案，及时将宪法修改所确立的监察制度进一步具体化，是我们党依宪执政、依宪治国的生动实践和鲜明写照。人民代表大会制度是我国的根本政治制度，是坚持党的领导、人民当家作主、依法治国有机统一的根本政治制度安排。人民行使国家权力的机关是全国人民代表大会和地方各级人民代表大会。《监察法》根据《宪法修正案》将行使国家监察职能的专责机关纳入国家机构体系，明确监察委员会由同级人大产生，对它负责，受它监督，拓宽了人民监督权力的途径，提高了社会主义民主政治制度化、规范化、法治化水平，丰富和发展了人民代表大会制度的内涵，推动了人民代表大会制度与时俱进，对推进国家治理体系和治理能力现代化具有深远意义。

2. 制定《监察法》的宪法依据是什么？

2018 年 3 月 11 日，第十三届全国人民代表大会第一次会议通过《宪法修正案》，专门增加了有关监察委员会的各项规定，为制定《监察法》和成立监察委员会提供了宪法依据。《宪法修正案》在《宪法》第三章"国家机构"第六节后增加一节，作为第七节"监察委员会"，就国家监察委员会和地方各级监察委员会的性质、地位、名称、人员组成、任期任届、领导体制和工作机制等作出规定。

第一，规定了监察委员会的性质和地位。《宪法》第 123 条规定："中华人民共和国各级监察委员会是国家的监察机关。"

第二，规定了监察委员会的名称、人员组成、任期任届和职能职责。《宪法》第 124 条规定："中华人民共和国设立国家监察委员会和地方各级监察委员会。监察委员会由下列人员组成：主任，副主任若干人，委员若干人。监察委员会主任每届任期同本级人民代表大会每届任期相同。国家监察委员会主任连续任职不得超过两届。监察委员会的组织和职权由法律规定。"

第三，规定了监察委员会的领导体制和工作机制。《宪法》第

125 条规定："中华人民共和国国家监察委员会是最高监察机关。国家监察委员会领导地方各级监察委员会的工作，上级监察委员会领导下级监察委员会的工作。"《宪法》第 126 条规定："国家监察委员会对全国人民代表大会和全国人民代表大会常务委员会负责。地方各级监察委员会对产生它的国家权力机关和上一级监察委员会负责。"

第四，规定了监察委员会与其他机关的配合制约关系。《宪法》第 127 条规定："监察委员会依照法律规定独立行使监察权，不受行政机关、社会团体和个人的干涉。监察机关办理职务违法和职务犯罪案件，应当与审判机关、检察机关、执法部门互相配合，互相制约。"

与此相适应，《宪法修正案》还作了如下修改：

第一，将《宪法》第一章"总纲"第 3 条第 3 款中"国家行政机关、审判机关、检察机关都由人民代表大会产生"修改为："国家行政机关、监察机关、审判机关、检察机关都由人民代表大会产生。"

第二，将《宪法》第三章"国家机构"第 65 条第 4 款"全国人民代表大会常务委员会的组成人员不得担任国家行政机关、审判机关和检察机关的职务。"修改为："全国人民代表大会常务委员会的组成人员不得担任国家行政机关、监察机关、审判机关和检察机关的职务。"

第三，将《宪法》第三章"国家机构"第 103 条第 3 款"县级以上的地方各级人民代表大会常务委员会的组成人员不得担任国家行政机关、审判机关和检察机关的职务。"修改为："县级以上的地方各级人民代表大会常务委员会的组成人员不得担任国家行政机关、监察机关、审判机关和检察机关的职务。"

第四，在《宪法》第三章"国家机构"第62条第6项后增加一项，内容为"选举国家监察委员会主任"。在《宪法》第63条第3项后增加一项，内容为"国家监察委员会主任"。在《宪法》第67条第6项中增加"国家监察委员会"；在第10项后增加一项，内容为"根据国家监察委员会主任的提请，任免国家监察委员会副主任、委员"。

第五，将《宪法》第三章"国家机构"第101条第2款中"县级以上的地方各级人民代表大会选举并且有权罢免本级人民法院院长和本级人民检察院检察长。"修改为："县级以上的地方各级人民代表大会选举并且有权罢免本级监察委员会主任、本级人民法院院长和本级人民检察院检察长。"将《宪法》第104条中"监督本级人民政府、人民法院和人民检察院的工作"修改为"监督本级人民政府、监察委员会、人民法院和人民检察院的工作"。

第六，删去《宪法》第三章"国家机构"第89条第8项"领导和管理民政、公安、司法行政和监察等工作"中的"和监察"。删去《宪法》第107条第1款"县级以上地方各级人民政府依照法律规定的权限，管理本行政区域内的经济、教育、科学、文化、卫生、体育事业、城乡建设事业和财政、民政、公安、民族事务、司法行政、监察、计划生育等行政工作"中的"监察"。

上述修改反映了党的十八大以来，深化国家监察体制改革的成果，落实了党的十九大关于健全党和国家监督体系的部署，也反映了设立国家监察委员会和地方各级监察委员会后，全国人民代表大会及其常务委员会和地方各级人民代表大会及其常务委员会、国务院和地方各级人民政府职权的新变化以及工作的新要求。

3. 《宪法》专设"监察委员会"一节的重要意义是什么？

2018 年 3 月 11 日，第十三届全国人民代表大会第一次会议通过《宪法修正案》，在《宪法》第三章"国家机构"中专门增加"监察委员会"一节。这是对我国政治体制、政治权力、政治关系的重大调整，是对国家监督制度的重大顶层设计，顺应了把全面从严治党向纵深推进的迫切要求，反映了党的十八大以来国家监察体制改革的成果，落实了党的十九大关于健全党和国家监督体系的重大部署，是深化国家监察体制改革、健全党和国家监督体系的重大战略决策，体现出我们党一以贯之推动社会革命和进行自我革命的勇气和决心。这一重大修改，有利于坚持和加强党对反腐败工作的统一领导，丰富和完善人民代表大会制度，为制定《监察法》、设立国家和地方各级监察委员会提供宪法依据，为推进国家治理体系和治理能力现代化提供重要保证。

深化国家监察体制改革，是强化党和国家自我监督、坚持和加强党的领导的重大决策部署。中国特色社会主义最本质的特征是中国共产党领导，中国特色社会主义制度的最大优势是中国共产党领导，党是最高政治领导力量。打铁必须自身硬。坚持党的领导，必须加强党的建设，全面从严治党，永葆党的先进性和纯洁性。我们党全面领导、长期执政，面临的最大挑战是权力得不到有效监督、领导干部容易受到腐蚀，这迫切要求加强对权力运行的制约和监督，探索出一条党长期执政条件下实现自我净化的有效路径，这关乎党和国家事业成败，关乎我们能否跳出历史周期率。习近平总书记指出，增强党自我净化能力，根本靠强化党的自我监督和群众监督；自我监督是世界性难题，是国家治理的"哥德巴赫猜想"，中国共产党下决心成功，练就"绝世武功"，建设廉洁政治。要把党内监督同国家机关监督、民主监督、司法监督、群众监督、舆论监督贯通起来，形成发现问题、纠正偏差的有效机制。我国80%的公务员、95%以上的领导干部是共产党员，党内监督和国家监察既具有高度内在一致性，又具有高度互补性。党的十八大以来，党内监督得到有效加强，监督对象覆盖了所有党组织和党员。这就要求适应形势发展构建国家监察体系，对党内监督覆盖不到或者不适用于执行党的纪律的公职人员，依法实施监察，真正把权力都关进制度笼子，确保党和人民赋予的权力切实用来为人民谋利益。国家监察本质上属于党和国家的自我监督，不同于其他形式的外部监督，推进国家监察体制改革，有利于健全党和国家监督体系，确保党和国家长治久安。

在《宪法》中增写"监察委员会"一节，体现了党的主张和人民意志，为深化国家监察体制改革提供了根本法治保障。依法治国是党领导人民治理国家的基本方略，依法执政是党治国理政的基本方式。坚持依法治国首先要依宪治国，坚持依法执政首先要坚持依宪执政。习近平总书记强调，要坚持改革决策和立法决策相统一、相衔接，做到重大改革于法有据，使改革和法治同步推进。国家监察体制改革是建立中国特色监察体系的创制之举，党中央从全面从严治党出发，将国家监察体制改革纳入全面深化改革总体部署，积极推进改革及试点工作并取得了重要的阶段性成效，在此基础上使改革实践成果成为宪法规定，具有坚实的政治基础、理论基础、实践基础和充分的法理支撑。《宪法》第三章"国家机构"中专门增加一节，作为第七节"监察委员会"，增加五条，就国家监察委员会和地方各级监察委员会的性质、地位、名称、人员组成、任期任届、领导体制和工作机制等作出规定，为监察委员会建立组织体系、履行职能职责、运用相关权限、构建配合制约机制、强化自我监督等提供了根本依据，使党的主张成为国家意志，使国家监察体制改革于宪有据、监察法于宪有源，体现了全面深化改革和全面依法治国、全面从严治党的有机统一，必将进一步坚定全党全国人民坚持走中国特色社会主义政治发展道路和中国特色社会主义法治道路的决心和信心。

赋予监察委员会宪法地位，必将推动反腐败斗争深入发展，直至夺取压倒性胜利。人民群众最痛恨腐败现象，腐败是我们党面临的最大威胁。当前，反腐败斗争压倒性态势已经形成并巩固发展，但形势依然严峻复杂。监察委员会就是反腐败工作机构，《监察法》就是反腐败国家立法，深化国家监察体制改革的一个重要目的，就是加强党对反腐败工作的统一领导，推动反腐败斗争向纵深发展。通过整合行政监察、预防腐败和检察机关查处贪污贿赂、失职渎职及预防职务犯罪等工作力量，组建国家、省、市、县监察委员会，同党的纪律检查机关合署办公，对党中央、地方党委全面负责，将有效解决监察覆盖面过窄、反腐败力量分散、纪法衔接不畅等问题，健全党领导反腐败工作的体制机制，实现对所有行使公权力的公职人员监察全覆盖。根据《宪法》制定《监察法》，依法赋予监察委员会职责权限和调查手段，用留置取代"两规"措施，必将进一步推进反腐败工作规范化法制化。在《宪法》中增写"监察委员会"一节，并明确其性质定位和职能职责，为加强党对反腐败工作的统一领导提供了国家根本法保障，必将推动反腐败斗争取得更大成效，进一步增强人民群众对党的信心和信赖，厚植党执政的政治基础。

4. 如何理解《宪法》关于监察委员会的规定？

《宪法》是对国家权力运行体制机制等重要问题的原则性、纲领性规定。此次《宪法》修改中，用一节对监察委员会作出规定，充分彰显了监察委员会在国家治理体系中的重要作用，也为深化国家监察体制改革、保证监察委员会履职尽责提供了根本遵循。

第一，准确理解和把握监察委员会的性质和地位。《宪法》第123条规定："中华人民共和国各级监察委员会是国家的监察机关。"这明确了监察委员会的性质和地位，在国家权力结构中设置监察机关，是从我国历史传统和现实国情出发加强对公权力监督的重大改革创新，体现了中国特色社会主义道路自信、理论自信、制度自信、文化自信。监察委员会作为行使国家监察职能的专责机关，与党的纪律检查委员会合署办公，实现党性和人民性的高度统一。监察委员会是实现党和国家自我监督的政治机关，不是行政机关、司法机关。其依法行使的监察权，不是行政监察、反贪反渎、预防腐败职能的简单叠加，而是在党直接领导下，代表党和国家对所有行使公权力的公职人员进行监督，既调查职务违法行为，又调查职务犯罪行为，其职能权限与司法机关、执法部门明显不同。同时，监察委员会在履行职责过程中，既要加强日常监督、查清职务违法犯罪事实，进行相应处置，还要开展严肃的思想政治工作，进行理想信念宗旨教育，做到惩前毖后、治病救人，努力取得良好的政治效果、法纪效果和社会效果。

第二，准确理解和把握监察委员会的名称、人员组成、任期任届和职能职责。《宪法》第 124 条规定："中华人民共和国设立国家监察委员会和地方各级监察委员会。监察委员会由下列人员组成：主任，副主任若干人，委员若干人。监察委员会主任每届任期同本级人民代表大会每届任期相同。国家监察委员会主任连续任职不得超过两届。监察委员会的组织和职权由法律规定。"这明确了监察委员会的基本构成要素。依据《宪法》规定和改革实践，《监察法》对国家、省、市、县设立监察委员会作出具体规定。国家一级监察委员会名称前冠以"国家"，体现由行政监察"小监察"变为国家监察"大监察"，表明了最高一级国家机构的地位；地方各级监察委员会名称采用行政区划 + "监察委员会"的表述方式。监察委员会主任由本级人民代表大会选举产生，副主任和委员由主任提请本级人民代表大会常务委员会任免。各级监察委员会可以向本级党的机关、国家机关、经法律法规授权或者委托管理公共事务的组织和单位以及所管辖的行政区域、国有企业等派驻或者派出监察机构、监察专员。监察机关的主要职能是调查职务违法和职务犯罪，开展廉政建设和反腐败工作，维护宪法和法律的尊严；主要职责是监督、调查、处置；主要权限包括谈话、讯问、询问、查询、冻结、调取、查封、扣押、搜查、勘验检查、鉴定、留置等。

第三，准确理解和把握监察委员会的领导体制和工作机制。《宪法》第 125 条规定："中华人民共和国国家监察委员会是最高监察机关。国家监察委员会领导地方各级监察委员会的工作。"《宪法》第 126 条规定："国家监察委员会对全国人民代表大会和全国人民代表大会常务委员会负责。地方各级监察委员会对产生它的国家权力机关和上一级监察委员会负责。"对这两条应当统一起来理解、贯通起来把握。一方面，为保证党对反腐败工作的集中统一领导，党的纪律检查机关同监察委员会合署办公，履行纪检、监察两项职责，在领导体制上与纪委的双重领导体制高度一致。监察委员会在行使权限时，重要事项需由同级党委批准；国家监察委员会领导地方各级监察委员会的工作，上级监察委员会领导下级监察委员会的工作，地方各级监察委员会要对上一级监察委员会负责。另一方面，监察委员会由人大产生，就必然要对人大及其常委会负责，并接受其监督。在深化国家监察体制改革试点中，试点地区创造出许多有利于人大及其常委会实现对监察委员会监督的好形式、好方法。

第四，准确理解和把握监察委员会与其他机关的配合制约关系。《宪法》第 127 条规定："监察委员会依照法律规定独立行使监察权，不受行政机关、社会团体和个人的干涉。监察机关办理职务违法和职务犯罪案件，应当与审判机关、检察机关、执法部门互相配合，互相制约。"审判机关指的是各级人民法院；检察机关指的是各级人民检察院；执法部门包括公安机关、国家安全机关、审计机关、行政执法机关等。监察机关履行监督、调查、处置职责，行使调查权限，是依据法律授权，行政机关、社会团体和个人无权干涉。同时，有关单位和个人应当积极协助配合监察委员会行使监察权。监察机关不仅应当同审判机关、检察机关形成互相配合、互相制约关系，也应当同执法部门形成互相配合、互相制约的工作联系。比如，审计部门发现领导干部涉嫌违纪违法问题线索，要按规定移送相关监察机关调查处置；监察机关提出采取技术调查、限制出境等措施的请求后，公安机关与相关部门要对适用对象、种类、期限、程序等进行严格审核并批准；在对生产安全责任事故的调查中，由安监、质检、食药监等部门同监察部门组成联合调查组，实地调查取证，共同研究分析事故的性质和责任，确定责任追究的范围和形式。对涉嫌职务犯罪的行为，监察委员会调查终结后移送检察机关依法审查、提起公诉，由人民法院负责审判；对监察机关移送的案件，检察机关经审查后认为需要补充核实的，应退回监察机关进行补充调查，必要时还可自行补充侦查。在宪法中对这种关系作出明确规定，可确保监察权依法正确行使，并受到严格监督。

5. 如何理解深化国家监察体制改革体现了全面深化改革、全面依法治国和全面从严治党的有机统一?

党的十八大以来,以习近平同志为核心的党中央科学分析判断党风廉政建设和反腐败斗争形势任务,立足当前、着眼长远,作出深化国家监察体制改革的重大决策部署,使全面深化改革、全面依法治国和全面从严治党有机统一、协调推进,为全面建成小康社会、维护党和国家长治久安提供了坚强保障。

第一,坚持问题导向,以改革创新精神健全反腐败体制机制。问题是时代的声音,也是创新的前奏。党中央聚焦当前反腐败力量分散、纪律与法律衔接不畅等突出问题,将监察体制改革纳入全面深化改革总体部署,首先上中央全面深化改革领导小组会议讨论;决定设立监察委员会,整合各相关力量,实现对行使公权力的公职人员监察全覆盖。这是推进政治体制改革的重大举措,有利于进一步提高党和国家治理能力和治理水平,为夺取反腐败斗争胜利奠定坚实基础。

第二,使党的主张成为国家意志,推进反腐败工作规范化、法治化。全面依法治国条件下,深入推进反腐败斗争,深化国家监察体制改革,必须与时俱进制定国家监察法,把改革成果固化为法律制度。制定国家监察法,赋予监察委员会监督、调查、处置的职责和谈话、讯问、搜查、留置等调查措施,用留置取代"两规"措施,解决了长期困扰我们的法治难题，彰显全面依法治国的决心和自信。在国家监察法中对监察权行使的方式方法、审批程序、时限要求等作出严格限制，使权力运行更加公开透明；形成监察机关与审判机关、检察机关、执法部门互相配合、互相制约的机制，有利于加强对监察机关和监察人员的监督，把监察权关进制度笼子。

第三，强化自我监督，推动全面从严治党向纵深发展。全面从严治党永远在路上。党的十九大对全面从严治党、推进党的建设新的伟大工程作出战略部署，释放了全面从严治党一刻不松、一步不退的强烈信号。我们党全面领导、长期执政，面临的最严峻的挑战就是受到权力腐蚀、脱离人民群众，最根本的解决办法就是强化自我监督。在党内监督已经实现全覆盖的情况下，通过深化国家监察体制改革，把监察对象范围扩大到所有行使公权力的公职人员，构建集中统一、权威高效的监察体系，使依规治党和依法治国、党内监督和国家监察有机统一，必将进一步完善党和国家监督体系，推动全面从严治党向纵深发展，探索出一条实现自我净化的有效路径。

总之，深化国家监察体制改革是党中央协调推进"四个全面"战略布局的具体体现，必将成为新时代进行伟大斗争、建设伟大工程、推进伟大事业、实现伟大梦想的重要内容和创新亮点。

6. 我国监察制度的发展历程是怎样的?

监察制度在我国具有悠久的历史,是中华法系的特色之一。古代监察制度发轫于西周,确立于秦汉时期,至隋唐时期臻于完备,历经变革延续至晚清,经过两千多年的发展,形成了一套自上而下的独立于行政权的监察体系,成为我国古代政治制度的重要组成部分。

我们党自成立以来,就高度重视对权力的监督,建立健全监察制度。1927年4月,党的第五次全国代表大会设立中央监察委员会,并选举了中央监察委员会委员。这是中央纪律检查委员会的前身。1928年7月,党的第六次全国代表大会通过的《中国共产党章程》将"监察委员会"改为"审查委员会"。1933年9月,中央作出《关于成立中央党务委员会及中央苏区省县监察委员会的决定》。1949年10月,中华人民共和国成立,中央人民政府委员会第三次会议决定成立中央人民政府政务院人民监察委员会。1949年11月,中央作出《关于成立中央及各级党的纪律检查委员会的决定》,成立了中共中央纪律检查委员会。1954年9月,根据宪法和国务院组织法,政务院改为国务院,政务院人民监察委员会改为国务院监察部。1955年3月,中国共产党全国代表会议通过《关于成立党的中央和地方监察委员会的决议》,决定成立党的中央和地方监察委员会,代替各级党的纪律检查委员会。1959年4月,因国家管理体制调整,监察部被撤销。1962年9月,党的八届十中全会通过《关于加强党的监察机关的决定》。1969 年 4 月，党的第九次全国代表大会通过的《中国共产党章程》取消了党的监察机关的条款，撤销了中央监察委员会。

1977 年 8 月，党的第十一次全国代表大会通过的《中国共产党章程》重新恢复了设置党的纪律检查委员会的条款，规定各级纪委由同级党委选举产生。1982 年 9 月，党的第十二次全国代表大会通过的《中国共产党章程》规定，党的各级纪律检查委员会都由同级党的代表大会选举产生，党的中央纪律检查委员会在党的中央委员会领导下进行工作，党的地方各级纪律检查委员会在同级党的委员会和上级纪律检查委员会的双重领导下进行工作。1986 年 12 月，第六届全国人民代表大会常务委员会第十八次会议决定设立中华人民共和国监察部，行使行政监察职能。1993 年 1 月，党中央、国务院决定中央纪律检查委员会与监察部合署办公，实行一套工作机构、两个机关名称，履行党的纪律检查和政府行政监察两项职能。

2013 年 4 月，习近平总书记在听取巡视工作五年规划时提出，当前反腐败斗争形势依然严峻复杂。2016 年 1 月 12 日，习近平总书记在十八届中央纪委六次全会上的讲话中指出："要坚持党对党风廉政建设和反腐败工作的统一领导，扩大监察范围，整合监察力量，健全国家监察组织架构，形成全面覆盖国家机关及其公务员的国家监察体系。"十八届中央纪委六次全会明确提出："建立覆盖国家机关和公务人员的国家监察体系。"2016 年 10 月，党的十八届六中全会审议通过的《中国共产党党内监督条例》明确规定："各级党委应当支持和保证同级人大、政府、监察机关、司法机关等对国家机关及公职人员依法进行监督。"2016 年 11 月 4 日，中共中央办公厅印发《关于在北京市、山西省、浙江省开展国家监察体制改革试点方案》，部署在北京、山西、浙江 3 省市设立各级监察委员会，从体制机制、制度建设上先行先试、探索实践，为在全国推开积累经验。2016 年 12 月 25 日，第十二届全国人民代表大会常务委员会第二十五次会议通过《全国人民代表大会常务委员会关于在北京市、山西省、浙江省开展国家监察体制改革试点工作的决定》。

2016 年 12 月 28 日，中共中央政治局召开会议，研究部署党风廉政建设和反腐败工作时指出，深化国家监察体制改革，确定时间表、路线图，试点工作有序展开。要扎实推进国家监察体制改革及试点工作，确保如期实现改革目标。2017 年 1 月 6 日，习近平总书记在十八届中央纪委七次全会上强调，要积极稳妥推进国家监察体制改革，加强统筹协调，做好政策把握和工作衔接。2017 年 1 月，十八届中央纪委七次全会提出，制定深化国家监察体制改革方案，确定时间表、路线图，推动试点先行。2017 年 1 月 18 日，山西率先成立全国第一个省级监察委员会。1 月 20 日，北京市监察委员会和浙江省监察委员会正式成立。

2017 年 6 月 23 日，十二届全国人大常委会第二十八次会议举行第二次全体会议，首次审议监察法草案。2017 年 10 月 18 日，党的十九大报告指出："深化国家监察体制改革，将试点工作在全国推开，组建国家、省、市、县监察委员会，同党的纪律检查机关合署办公，实现对所有行使公权力的公职人员监察全覆盖。"2017 年 10 月 24 日，十九大党章修正案规定："党必须保证国家的立法、司法、行政、监察机关，经济、文化组织和人民团体积极主动地、独立负责地、协调一致地工作。"2017 年 10 月，中共中央办公厅印发《关于在全国各地推开国家监察体制改革试点方案》，部署在全国范围内深化国家监察体制改革的探索实践，完成省、市、县三级监察委员会组建工作。2017 年 10 月 31 日，十二届全国人大常委会第三十次会议审议了《全国人民代表大会常务委员会关于在全国各地推开国家监察体制改革试点工作的决定（草案）》。草案对监察委员会的设立及其产生、监察对象及监察委员会的职权和措施、暂时调整或者暂时停止适用有关法律的规定等事项作出规定。为此，各省（区、市）先后成立领导小组，审议通过试点工作实施方案，加强对市县一级试点工作的督导。各市（地、州、盟）按照中央部署和省（区、市）党委要求，借鉴先行先试地区成功经验，周密组织实施，统筹协调推进。截至 2018 年 2 月 11 日，全国 31 个省、自治区、直辖市和新疆生产建设兵团监察委员会领导班子全部按照法定程序产生；2 月 13 日，各市（地、州、盟）监察委员会也全部完成组建；2 月 25 日，各区、县监察委员全部完成组建工作。至此，完整的省、市、县三级监察委员会组织体系建立起来。

2018 年 3 月 11 日，第十三届全国人大第一次会议通过的《宪法修正案》，在《宪法》第三章"国家机构"中专门增加"监察委员会"一节，就国家监察委员会和地方各级监察委员会的性质、地位、名称、人员组成、任期任届、领导体制和工作机制等作出规定，为监察委员会建立组织体系、履行职能职责、运用相关权限、构建配合制约机制、强化自我监督等提供了根本依据。2018

年 3 月 20 日，第十三届全国人民代表大会第一次会议审议通过的《监察法》，从法律上确立了新时代的监察制度。

7. 《监察法》的起草过程、指导思想和基本思路如何？

按照党中央部署要求，监察法立法工作由中共中央纪律检查委员会牵头抓总，在最初研究深化国家监察体制改革方案的时候即着手考虑将《行政监察法》修改为国家监察法问题。中央纪委与全国人大常委会、中央统战部、中央政法委员会、中央深化改革领导小组办公室、中央机构编制办公室等有关方面进行了多次沟通。全国人大常委会党组坚决贯彻落实党中央关于深化国家监察体制改革的决策部署，高度重视监察法立法工作。十二届全国人大常委会将监察法起草和审议工作作为最重要的立法工作之一。2016 年 10 月，党的十八届六中全会闭幕后，中央纪委机关会同全国人大常委会法制工作委员会即共同组成国家监察立法工作专班。在前期工作基础上，工作专班进一步开展调研和起草工作，吸收改革试点地区的实践经验，听取专家学者的意见建议，经反复修改完善，形成了监察法草案。

2017 年 6 月 15 日，习近平总书记主持中央政治局常委会会议，审议并原则同意全国人大常委会党组关于监察法草案几个主要问题的请示。2017 年 6 月下旬，十二届全国人大常委会第二十八次会议对监察法草案进行了首次审议。首次审议后，根据党中央同意的相关工作安排，全国人大常委会法制工作委员会将草案送23个中央国家机关以及31个省、自治区、直辖市人大常委会征求意见；还专门召开专家会，听取了宪法、行政法和刑事诉讼法方面专家学者的意见。2017年11月7日至12月6日，监察法草案在中国人大网全文公开，征求社会公众意见。党的十九大后，根据党的十九大精神和全国人大常委会组成人员的审议意见以及人大代表、政协委员等各方面意见，对草案作了修改完善。2017年12月，十二届全国人大常委会第三十一次会议对监察法草案进行再次审议，认为草案贯彻落实以习近平同志为核心的党中央关于深化国家监察体制改革的重大决策部署，充分吸收了常委会组成人员的审议意见和各方面意见，已经比较成熟，决定将监察法草案提请全国人民代表大会审议。

2018年1月18日至19日，党的十九届二中全会审议通过了《中共中央关于修改宪法部分内容的建议》。1月29日至30日，十二届全国人大常委会第三十二次会议决定将《中华人民共和国宪法修正案（草案）》提请十三届全国人大一次会议审议。监察法草案根据宪法修改精神作了进一步修改。2018年1月31日，全国人大常委会办公厅将监察法草案发送十三届全国人大代表。代表们对草案进行了认真研读讨论，总体赞成草案，同时提出了一些修改意见。全国人大法律委员会召开会议，对草案进行了审议，根据全国人大常委会组成人员和代表们提出的意见作了修改，并将修改情况向全国人大常委会委员长会议作了汇报。2018年2月8日，习近平总书记主持召开中央政治局常委会会议，听取了全国人大常委会党组的汇报，原则同意《关于〈中华人民共和国监察法（草案）〉有关问题的请示》并作出重要指示。根据党中央指示精神，对草案作了进一步完善。在上述工作基础上，形成了提请本次大会审议的《中华人民共和国监察法（草案）》。

2018年3月11日，第十三届全国人大第一次会议第三次全体会议表决通过《宪法修正案》，专门增加了有关监察委员会的各项规定，为制定《监察法》提供了宪法依据。3月20日，第十三届全国人大第一次会议闭幕会审议通过了《监察法》。

制定《监察法》的指导思想是，高举中国特色社会主义伟大旗帜，全面贯彻党的十九大精神，坚持以马克思列宁主义、毛泽东思想、邓小平理论、"三个代表"重要思想、科学发展观、习近平新时代中国特色社会主义思想为指导，坚持党的领导、人民当家作主、依法治国有机统一，坚持统筹推进"五位一体"总体布局和协调推进"四个全面"战略布局，加强党对反腐败工作的集中统一领导，实现对所有行使公权力的公职人员监察全覆盖，使依规治党与依法治国、党内监督与国家监察有机统一，推进国家治理体系和治理能力现代化。

按照上述指导思想，《监察法》立法工作遵循以下思路和原则：一是坚持正确政治方向。严格遵循党中央确定的指导思想、基本原则和改革要求，把坚持和加强党对反腐败工作的集中统一领导作为根本政治原则贯穿立法全过程和各方面。二是坚持与宪法修改保持一致。《宪法》是国家各种制度和法律法规的总依据。《监察法》草案相关内容及表述均与本次宪法修改关于监察委员会的各项规定相衔接、相统一。三是坚持问题导向。着力解决我国监察体制机制中存在的突出问题。四是坚持科学立法、民主立法、依法立法。坚决贯彻落实党中央决策部署,充分吸收各方面意见,认真回应社会关切,严格依法按程序办事,使内容科学合理、协调衔接,制定一部高质量的《监察法》。

8. 《监察法》的主要内容有哪些?

《监察法》共九章69条。第一章总则,明确立法目的、指导思想、监察工作的原则和方针;第二章监察机关及其职责,规定监察机关的产生程序、领导体制、职责、派出监察机构、监察官制度;第三章监察范围和管辖,明确监察对象和管辖问题;第四章监察权限,规定谈话、讯问、搜查、留置等调查措施,需要有关机关协助执行的措施和相关证据规则;第五章监察程序,按照工作流程,分别对线索处置、初步核实、立案、调查、移送起诉、申诉程序作出严格规定;第六章反腐败国际合作,规定反腐败国际合作、双边多边合作、追逃追赃和防逃制度;第七章对监察机关和监察人员的监督,从强化内部监督和接受外部监督两个方面作出较为详细的规定;第八章法律责任,明确有关单位和人员、监察机关及其工作人员的法律责任;第九章附则。《监察法》的主要内容有:

第一,明确监察工作的指导思想和领导体制。为坚持和加强党对反腐败工作的集中统一领导,《监察法》规定:坚持中国共产党对国家监察工作的领导,以马克思列宁主义、毛泽东思想、邓小平理论、"三个代表"重要思想、科学发展观、习近平新时代中国特色社会主义思想为指导，构建集中统一、权威高效的中国特色国家监察体制（第2条）。

第二，明确监察工作的原则和方针。关于监察工作的原则。《监察法》规定：监察委员会依照法律规定独立行使监察权，不受行政机关、社会团体和个人的干涉。监察机关办理职务违法和职务犯罪案件，应当与审判机关、检察机关、执法部门互相配合，互相制约。监察机关在工作中需要协助的，有关机关和单位应当根据监察机关的要求依法予以协助（第4条）。国家监察工作严格遵照宪法和法律，以事实为根据，以法律为准绳；在适用法律上一律平等，保障当事人的合法权益；权责对等，严格监督；惩戒与教育相结合，宽严相济（第5条）。

关于监察工作的方针。《监察法》规定：国家监察工作坚持标本兼治、综合治理，强化监督问责，严厉惩治腐败；深化改革、健全法治，有效制约和监督权力；加强法治教育和道德教育，弘扬中华优秀传统文化，构建不敢腐、不能腐、不想腐的长效机制（第6条）。

第三，明确监察委员会的产生和职责。关于监察委员会的产生。根据第十三届全国人大第一次会议通过的《宪法修正案》，《监察法》规定：国家监察委员会由全国人民代表大会产生，负责全国监察工作。国家监察委员会由主任、副主任若干人、委员若干人组成，主任由全国人民代表大会选举，副主任、委员由国家监察委员会主任提请全国人民代表大会常务委员会任免。国家监察委员会主任每届任期同全国人民代表大会每届任期相同，连续任职不得超过两届（第8条第1款至第3款）。地方各级监察委员会由本级人民代表大会产生，负责本行政区域内的监察工作。地方各级监察委员会由主任、副主任若干人、委员若干人组成，主任由本级人民代表大会选举，副主任、委员由监察委员会主任提请本级人民代表大会常务委员会任免。地方各级监察委员会主任每届任期同本级人民代表大会每届任期相同（第9条第1款至第3款）。

关于监察委员会的职责。《监察法》规定，监察委员会依照本法和有关法律规定履行监督、调查、处置职责：（一）对公职人员开展廉政教育，对其依法履职、秉公用权、廉洁从政从业以及道德操守情况进行监督检查；（二）对涉嫌贪污贿赂、滥用职权、玩忽职守、权力寻租、利益输送、徇私舞弊以及浪费国家资财等职务违法和职务犯罪进行调查；（三）对违法的公职人员依法作出政务处分决定；对履行职责不力、失职失责的领导人员进行问责；对涉嫌职务犯罪的，将调查结果移送人民检察院依法审查、提起公诉；向监察对象所在单位提出监察建议（第11条）。

第四，实现对所有行使公权力的公职人员监察全覆盖。按照深化国家监察体制改革关于实现对所有行使公权力的公职人员监察全覆盖的要求，《监察法》规定，监察机关对下列公职人员和有关人员进行监察：（一）中国共产党机关、人民代表大会及其常务委员会机关、人民政府、监察委员会、人民法院、人民检察院、中国人民政治协商会议各级委员会机关、民主党派机关和工商业联合会机关的公务员，以及参照《中华人民共和国公务员法》管理的人员；（二）法律、法规授权或者受国家机关依法委托管理公共事务的组织中从事公务的人员；（三）国有企业管理人员；（四）公办的教育、科研、文化、医疗卫生、体育等单位中从事管理的人员；（五）基层群众性自治组织中从事管理的人员；（六）其他依法履行公职的人员（第15条）。

第五，赋予监察机关必要的权限。为保证监察机关有效履行监察职能，《监察法》赋予监察机关必要的权限。一是规定监察机关在调查职务违法和职务犯罪时，可以采取谈话、讯问、询问、查询、冻结、搜查、调取、查封、扣押、勘验检查、鉴定等措施（第19条至第21条、第23条至第27条）。二是被调查人涉嫌贪污贿赂、失职渎职等严重职务违法或者职务犯罪，监察机关已经掌握其部分违法犯罪事实及证据，仍有重要问题需要进一步调查，并有涉及案情重大、复杂，可能逃跑、自杀，可能串供或者伪造、隐匿、毁灭证据等情形之一的，经监察机关依法审批，可以将其留置在特定场所；留置场所的设置、管理和监督依照国家有关规定执行（第22条第1款、第2款、第3款）。三是监察机关需要采取技术调查、通缉、限制出境措施的，经过严格的批准手续，按照规定交有关机关执行（第28条至第30条）。

第六，严格规范监察程序。为保证监察机关正确行使权力，《监察法》在"监察程序"一章中，对监督、调查、处置工作程序作出严格规定，包括：报案或者举报的处理；问题线索的管理和处置；决定立案调查；搜查、查封、扣押等程序；要求对讯问和重要取证工作全程录音录像；严格涉案财物处理等（第35条至第42条、第46条）。

关于留置措施的程序。为了严格规范留置的程序，保护被调查人的合法权益，《监察法》规定：监察机关采取留置措施，应当由监察机关领导人员集体研究决定。设区的市级以下监察机关采取留置措施，应当报上一级监察机关批准。省级监察机关采取留置措施，应当报国家监察委员会备案。留置时间不得超过三个月。在特殊情况下，可以延长一次，延长时间不得超过三个月。省级以下监察机关采取留置措施的，延长留置时间应当报上一级监察机关批准。监察机关发现采取留置措施不当的，应当及时解除。对被调查人采取留置措施后，应当在二十四小时以内，通知被留置人员所在单位和家属。同时，监察机关应当保障被留置人员的饮食、休息和安全，提供医疗服务（第43条第1款、第2款，第44条第1款、第2款）。

第七，加强对监察机关和监察人员的监督。按照"打铁必须自身硬"的要求，《监察法》从以下几个方面加强对监察机关和监察人员的监督。

（1）接受人大监督。《监察法》规定：各级监察委员会应当接受本级人民代表大会及其常务委员会的监督。各级人民代表大会常务委员会听取和审议本级监察委员会的专项工作报告，组织执法检查。县级以上各级人民代表大会及其常务委员会举行会议时，人民代表大会代表或者常务委员会组成人员可以依照法律规定的程序，就监察工作中的有关问题提出询问或者质询（第53条）。

（2）强化自我监督。《监察法》与党的纪律检查机关监督执纪工作规则相衔接，将实践中行之有效的做法上升为法律规范。《监察法》规定了对打听案情、过问案件、说情干预的报告和登记备案，监察人员的回避，脱密期管理和对监察人员辞职、退休后从业限制等制度。同时规定了对监察机关及其工作人员不当行为的申诉和责任追究制度（第57条至第61条）。《监察法》还明确规定：监察机关应当依法公开监察工作信息，接受民主监督、社会监督、舆论监督（第54条）。

（3）明确监察机关与审判机关、检察机关、执法部门互相配合、互相制约的机制。《监察法》规定：对监察机关移送的案件，人民检察院经审查，认为需要补充核实的，应当退回监察机关补充调查，必要时可以自行补充侦查。人民检察院对于有《刑事诉讼法》规定的不起诉的情形的，经上一级人民检察院批准，依法作出不起诉的决定（第47条第3款、第4款）；监察机关在收集、固定、审查、运用证据时，应当与刑事审判关于证据的要求和标准相一致（第33条第2款）。

（4）明确监察机关及其工作人员的法律责任。《监察法》第八章"法律责任"中规定：监察机关及其工作人员有违反规定发生办案安全事故，或者发生安全事故后隐瞒不报、报告失实、处置不当等9种行为之一的，对负有责任的领导人员和直接责任人员依法给予处理（第65条）。《监察法》还规定：监察机关及其工作人员行使职权，侵犯公民、法人和其他组织的合法权益造成损害的，依法给予国家赔偿（第67条）。

9. 怎样理解党对监察工作的领导？

《监察法》第2条规定，坚持中国共产党对国家监察工作的领导。中国特色社会主义最本质的特征是中国共产党领导，中国特色社会主义制度的最大优势是中国共产党领导，这是习近平总书记深刻总结党的领导和党的建设历史经验得出的重要结论，这一重要论述体现了我们党对中国特色社会主义本质规定的认识达到了一个新高度，对共产党执政规律和社会主义建设规律的认识达到了一个新境界。坚持中国共产党对国家监察工作的领导，要求各级监察机关必须增强政治意识、大局意识、核心意识、看齐意识，自觉维护党中央权威和集中统一领导，自觉在思想上、政治上、行动上同党中央保持高度一致，完善坚持党的领导的体制机制，坚持稳中求进工作总基调，统筹推进"五位一体"总体布局，协调推进"四个全面"战略布局，提高党把方向、谋大局、定政策、促改革的能力和定力，确保党始终总揽全局、协调各方。各级党委应当支持和保证监察机关依法履行职责，要把纪检监察的领导权牢牢掌握在党的手里，整合分散的反腐败工作力量，实行党的纪律检查委员会、监察委员会合署办公，履行纪检、监察两项职能，对党中央或地方党委全面负责，把党对反腐败工作的统一领导具体地体现出来，拓展已经取得的实践和制度成果，使已经形成的反腐败斗争压倒性态势巩固发展。

党政军民学，东西南北中，党是领导一切的。中华文化是责任文化，"政府"历来是广义的，承担着无限责任。在广大人民群众眼里，不管大门口挂的牌子是白底黑字还是白底红字，都是党的机关、都是政府。在党的领导下，只有党政分工，没有党政分开。对重大原则问题，必须旗帜鲜明、理直气壮，决不能遮遮掩掩、羞羞答答。无论人大、政协，还是"一府两院"，都要执行党中央的决策部署，对人民负责，受人民监督。在党统一领导下的所有行使国家公权力的机关，都属于广义政府范畴。创设从国家到县一级的监察委员会，代表党和国家行使监察权，就是要实现由监督"狭义政府"到监督"广义政府"的转变，管住所有行使公权力的公职人员，确保人民赋予的权力始终用来为人民谋利益。反腐败斗争关乎人心向背，关乎党的生死存亡，是严肃的政治任务，必须始终讲政治顾大局。面对依然严峻复杂的形势，只有党才能站在政治和战略的高度，从党和国家事业全局出发，准确判断和把握"树木"与"森林"的关系，作出推进反腐败斗争的重大决策。坚持党的领导是当代中国最重要的政治原则。加强党对反腐败工作的领导，决不能有丝毫放松和懈怠。党的十八届三中全会决定明确规定，在党风廉政建设和反腐败工作中，党委负主体责任，这是沉甸甸的政治责任。国家监察体制改革是事关全局的重大政治体制改革，必须坚持党的领导。

10. 我国监察体制的中国特色体现在哪些方面？

《监察法》第 2 条规定："坚持中国共产党对国家监察工作的领导，以马克思列宁主义、毛泽东思想、邓小平理论、'三个代表'重要思想、科学发展观、习近平新时代中国特色社会主义思想为指导，构建集中统一、权威高效的中国特色国家监察体制。"与其他国家的反腐败体制相比，我国的监察体制体现了中华民族传统制度文化，是对中国历史上监察制度的一种借鉴，是我国反腐败经验的总结，是对当今权力制约形式的一个新探索，具有鲜明的中国特色，主要体现在：

第一，坚持和加强党对反腐败工作的集中统一领导。中国共产党领导是中国特色社会主义最本质的特征，是中国特色社会主义制度的最大优势。我们推进各领域改革，都是为了完善和发展中国特色社会主义制度，巩固党的执政基础、提高党的执政能力。以零容忍态度惩治腐败是中国共产党鲜明的政治立场，是党心民心所向，必须始终坚持在党中央统一领导下推进。制定《监察法》，组建党统一领导的反腐败工作机构即监察委员会，就是通过国家立法将行政监察部门、预防腐败机构和检察机关查处贪污贿赂、失职渎职以及预防职务犯罪等部门的工作力量整合起来，把反腐败资源集中起来，把执纪和执法贯通起来，就是把党对反腐败工作集中统一领导的体制机制固定下来，构建党统一指挥、全面覆盖、权威高效的监督体系，把制度优势转化为治理效能。

第二，以马克思列宁主义、毛泽东思想、邓小平理论、"三个代表"重要思想、科学发展观、习近平新时代中国特色社会主义思想为指导。上述指导思想是我们党制定路线、纲领、方针、政策的理论基础和行动指南，是加强和改进党的建设的强大理论武器，同样也是国家监察工作的指导思想。党的十九大党章修正案把习近平新时代中国特色社会主义思想同马克思列宁主义、毛泽东思想、邓小平理论、"三个代表"重要思想、科学发展观一道确立为党的指导思想。《宪法修正案》随之确立了科学发展观和习近平新时代中国特色社会主义思想在国家政治和社会生活中的指导地位。上述指导思想在《监察法》第 2 条也予以明确规定，成为我国监察工作的根本思想指引。

第三，突出了以法治思维和法治方式反对腐败。《监察法》明确了监察委员会在国家机构中的地位和主要职能职责，并赋予必要的调查权限，将实践中正在使用、行之有效的措施确定下来，明确监察机关可以采取谈话、讯问、询问、查询、冻结、调取、查封、扣押、搜查、勘验检查、鉴定、留置等措施开展调查，尤其是用留置取代"两规"措施，并规定严格的程序，不仅使监察机关履职尽责于法有据，更解决了长期困扰我们的法治难题，彰显了出全面依法治国的决心和自信。

第四，实现对所有行使公权力的公职人员监察全覆盖。《监察法》第 3 条规定，各级监察委员会是行使国家监察职能的专责机关，依照本法对所有行使公权力的公职人员进行监察，调查职务违法和职务犯罪，开展廉政建设和反腐败工作，维护宪法和法律的尊严。《监察法》将党中央关于对公权力监督全覆盖的要求具体化，确定六类监察对象，使监察对象覆盖所有行使公权力的公职人员，特别是"其他依法履行公职的人员"这一兜底条款，为各地结合实际确定监察对象提供了法律依据，确保监督不留死角。

第五，实现了党内监督和国家监督的统一。在我国监督体系中，党内监督和国家监察发挥着十分重要的作用。党内监督是对全体党员尤其是对党员干部实行的监督，国家监察是对所有行使公权力的公职人员实行的监督。我国 80% 的公务员和超过 95% 的领导干部是共产党员，这就决定了党内监督和国家监察具有高度的内在一致性，也决定了实行党内监督和国家监察相统一的必然性。完善我国监督体系，既要加强党内监督，又要加强国家监察。制定《监察法》，成立监察委员会，并与党的纪律检查机关合署办公，代表党和国家行使监督权和监察权，履行纪检、监察两项职责，加强对所有行使公权力的公职人员的监督，就是通过立法方式保证依规治党与依法治国、党内监督与国家监察有机统一，从而在我们党和国家形成巡视、派驻、监察三个全覆盖的统一的权力监督格局，形成发现问题、纠正偏差、惩治腐败的有效机制，为实现党和国家长治久安走出了一条中国特色监察道路。

11. 如何理解监察委员会的性质？

《监察法》第 3 条规定，各级监察委员会是行使国家监察职能的专责机关。国家监察体制改革，是走中国特色监察道路、完善中国特色社会主义监督体系的创制之举，是对国家政治体制、政治权力、政治关系的重大调整，是国家监督制度的顶层设计。监察委员会既不是司法机关，也不是行政机关，而是代表党和国家行使监督权的专责机关，其实质是国家反腐败工作机构。党的十八届六中全会审议通过的《中国共产党党内监督条例》规定："各级党委应当支持和保证同级人大、政府、监察机关、司法机关等对国家机关及公职人员依法进行监督。"《宪法》第 3 条规定："国家行政机关、监察机关、审判机关、检察机关都由人民代表大会产生，对它负责，受它监督。"

这些规定充分体现了监察机关的地位和性质。监察体制改革之前，在我国人民代表大会制度和"一府两院"的权力结构中，监察组织隶属政府，国家监督职能是通过行政权派生的监察权、检察权派生的侦查权来实现的。而监察体制改革，就是要改变监督权的配置模式，将行政权中的监察权、检察权中的侦查权分离出来，提升整合为统一的监督权；监察机关独立于行政机关和司法机关之外，是履行国家监督职能的专门机关。

通过监察体制改革，原来由检察机关行使的侦查贪污贿赂、渎职侵权等职务犯罪的职能，整合至监察机关，由监察机关对职务违法和职务犯罪进行调查并作出处置。职能的转移整合，不代表侦查权可以和调查权划等号，更不能简单说监察机关就是司法机关。无论是职责定位、法律依据还是领导体制，二者都存在本质区别。

第一，监察机关是国家反腐败工作机构，其职责是监督、调查、处置，专门调查职务违法和职务犯罪，其监察对象是行使公权力的公职人员，规范的是特殊主体的特殊行为。司法机关是针对一般对象、一般行为的法律实施机关，调整所有法律主体违反相应法律法规的行为。

第二，监察机关调查职务违法和职务犯罪适用《监察法》，案件移送检察机关后适用《刑事诉讼法》。由于反腐败所涉及的重大职务犯罪不同于一般的刑事犯罪，《监察法》也因此不能等同于《刑事诉讼法》，调查也就不能等同于侦查，所以不能将一般的对刑事犯罪的侦查等同于对腐败、贪污贿赂这种违法犯罪的调查。

第三，监察机关和司法机关的领导体制不同。监察体制改革的目的在于加强党对反腐败工作的集中统一领导。党对监察工作的领导，实行党委统一领导下纪委、监委合署办公，履行纪检、监察两项职能的体制，从组织形式和职能定位上实现党对监察工作的集中统一领导，案件从初步核实、立案到采取留置措施、提出处置意见和审查意见等事项都必须报党委同意。党对司法工作的领导，主要通过各级党委政法委这个党委工作部门来协调司法机关，并通过在司法机关设立党组的形式，实现地方党委对司法机关的领导。党委不讨论、不干涉个案处理，不影响司法权的依法独立行使。

12. 为什么要实现对所有行使公权力的公职人员监察全覆盖？

《监察法》第3条规定，各级监察委员会依照本法对所有行使公权力的公职人员进行监察。第15条进一步明确了监察对象的范围，规定："监察机关对下列公职人员和有关人员进行监察：（一）中国共产党机关、人民代表大会及其常务委员会机关、人民政府、监察委员会、人民法院、人民检察院、中国人民政治协商会议各级委员会机关、民主党派机关和工商业联合会机关的公务员，以及参照《中华人民共和国公务员法》管理的人员；（二）法律、法规授权或者受国家机关依法委托管理公共事务的组织中从事公务的人员；（三）国有企业管理人员；（四）公办的教育、科研、文化、医疗卫生、体育等单位中从事管理的人员；（五）基层群众性自治组织中从事管理的人员；（六）其他依法履行公职的人员。"

《监察法》要实现对所有行使公权力的公职人员监察全覆盖，主要是基于以下原因：

第一，党内监督全覆盖必然要求国家监察全覆盖。在我国，80%的公务员、95%以上的领导干部都是共产党员，党内监督和国家监察既具有高度内在一致性，又具有高度互补性。我们党既要完善自我监督，又要加强对国家机关的监督。党的十八大以来，党内监督得到有效加强，所有设立党组织的国家机关、社会团体、企事业单位强化了全面从严治党政治责任，监督对象覆盖了所有党员。在强化党内监督、用纪律管住党员干部的同时，必须构建国家监察体系，对党内监督达不到的地方，或者对不适用执行党的纪律的公职人员，依法实施监察，才能真正把权力关进制度笼子。

第二，实现监察全覆盖符合中国特色政治体制和文化传统。党政军民学，东西南北中，党是领导一切的。在党的领导下，只有党政分工，没有党政分开。我国现行政治体制特点决定了所有行使公权力的国家机关都属于"广义政府"范畴，都要履行全心全意为人民服务的根本宗旨，都始终代表最广大人民的根本利益，对人民承担无限责任。在我国，一切权力属于人民，都要对人民负责，受人民监督。推进国家监察体制改革，实现由监督"狭义政府"到监督"广义政府"的转变，有利于使国家监督体制机制更加科学完善。

第三，实现监察全覆盖是深入推进党风廉政建设和反腐败斗争的现实需要。当前，反腐败斗争形势依然严峻复杂，各级国家机关、国有企事业单位中贪污受贿、权力寻租、利益输送等腐败问题大量存在，"小官大贪"、侵吞挪用、克扣强占等群众身边的不正之风和腐败问题屡禁不止，严重离散党群干群关系、侵蚀党的执政基础。必须通过实施组织和制度创新，把所有行使公权力的公职人员纳入监察范围，加强对权力的监督制约，深化标本兼治，确保党和人民赋予的权力真正用来为人民谋利益。

总之，实现对行使公权力的公职人员监察全覆盖，是深化国家监察体制改革的目标任务之一，也是我们党在长期执政条件下对增强自我净化、自我完善、自我革新、自我提高这"四自"能力的全新探索，将为我们跳出历史周期率提供有力制度保障。

13. 如何理解监察机关依法独立行使监察权？

《宪法》第127条第1款规定："监察委员会依照法律规定独立行使监察权，不受行政机关、社会团体和个人的干涉。"《监察法》第4条第1款规定："监察委员会依照法律规定独立行使监察权，不受行政机关、社会团体和个人的干涉。"上述规定明确了监察委员会依法独立行使监察权，这是由监察权的性质决定的。监察委员会的监察权不同于传统的立法权、司法权与行政权，是独立的新型权力。特别是作为监察权的主导性权力，腐败犯罪调查权理应具有独立属性。相较于我国现行的检察机关职务犯罪侦查权，独立的腐败犯罪调查权有助于破除检察机关侦诉一体、自我监督的弊端，实现了权力执行主体与监督主体的分离，为法律监督提供了制度性保障。换言之，只有监察机关独立行使监察权，才能保证监察案件得到公平公正对待，才能保证从严监督制度的落实，同时这也是构建集中统一、权威高效的中国特色国家监察体制的必然要求。对于任何依仗权势以言代法、以权压法，非法干涉办案活动的行为，监察机关都有权抵制，依法行使监察权不受任何行政机关、社会团体和个人的干涉。

监察机关依法独立行使监察权，其中，"依法"有两层含义：一是法律为监察机关独立行使监察权提供保障。这主要是指《监察法》。《监察法》不仅重申了《宪法》有关监察权独立行使的规定，而且明确规定了监察机关的监察权限和监察程序，从组织和程序上保障监察活动的独立性。为了保障监察机关独立行使监察权，《监察法》还设立了相应的报告登记制度，对于监察人员打听案情、过问案件、说情干预的，办理监察事项的监察人员应当及时报告，有关情况应当登记备案。二是监察机关在行使监察权的过程中，必须严格以事实为根据，以法律为准绳，不受外界力量的非法干预。这里的"法律"主要是指全国人大及其常委会制定的法律，包括《中华人民共和国刑法》（以下简称《刑法》）、《刑事诉讼法》等。此外，监察机关及其工作人员依法独立行使职权，不能侵犯公民、法人和其他组织的合法权益，如果造成损害的，依法给予国家赔偿。

监察机关依法独立行使监察权，虽然不受行政机关、社会团体和个人的干涉，但要自觉接受党委监督、人大监督、民主监督、司法监督、群众监督、舆论监督。党政军民学，东西南北中，党是领导一切的。党的领导本身就包含教育管理和监督。监察委员会在党委领导下开展工作，党委就要加强对监察委员会的管理和监督，通过听取工作报告、研究案情、检查监察委员会落实同级党委和上级监察委员会决策部署情况等方式，加强对监察委员会工作的日常监督。监察委员会要自觉接受党委监督，认真执行党的路线方针政策和党委决策部署，主动接受党委领导和监督，重大事项及时向同级党委和上级监察委员会报告。

监察机关要依法接受人大监督。监察委员会由本级人民代表大会产生，要接受本级人民代表大会及其常务委员会的监督。监察机关要依法接受司法监督。监察委员会要按照《监察法》的规定，采取技术调查、限制出境等措施经严格审批交有关机关执行，检察机关对移送的职务犯罪案件进行审查起诉，认为需要补充核实的可以退回进行补充调查；认为符合不起诉情形的可以作出不起诉决定。建立监察委员会调查、检察院起诉、法院审判的工作机制，对监察委员会形成有效的制约制衡。监察委员会要依法公开监察工作信息，自觉接受民主监督、社会监督、舆论监督，回应群众关切，确保监察权规范运行。监察机关通过设立内部专门的监督机构等方式，加强对监察人员执行职务和遵守法律情况的监督，建设忠诚、干净、担当的监察队伍。

此外，监察机关依法独立行使监察权，也不排除其他机关和单位的依法协助。比如，监察委员会在调查职务违法犯罪过程中，需要采取技术调查措施、作出通缉决定、作出限制出境决定、需要到公安机关管理的羁押场所向被羁押人员调查取证、要求协助查找被调查人、要求配合做好被留置人员看护等工作，应当经监察委员会负责人批准后书面通知公安机关，公安机关接到通知后，应当予以配合。

14. 如何理解监察机关与审判机关、检察机关、执法部门互相配合、互相制约的关系？

《宪法》第 127 条规定："监察委员会依照法律规定独立行使监察权，不受行政机关、社会团体和个人的干涉。监察机关办理职务违法和职务犯罪案件，应当与审判机关、检察机关、执法部门互相配合，互相制约。"《监察法》第 4 条第 2 款也规定："监察机关办理职务违法和职务犯罪案件，应当与审判机关、检察机关、执法部门互相配合，互相制约。"

监察机关与审判机关、检察机关、执法部门互相配合，主要体现在以下方面：

第一，人民法院、人民检察院、公安机关、审计机关等国家机关在工作中发现公职人员涉嫌贪污贿赂、失职渎职等职务违法或者职务犯罪的问题线索，应当移送监察机关，由监察机关依法调查处置。被调查人既涉嫌严重职务违法或者职务犯罪，又涉嫌其他违法犯罪的，一般应当由监察机关为主调查，其他机关予以协助。

第二，监察机关对于报案或者举报，应当接受并按照有关规定处理。对于不属于本机关管辖的，应当移送主管机关处理。

第三，监察机关经调查，认为被调查人涉嫌职务犯罪应当移送的，检察机关应当对移送案件进行审查。检察机关审查后认为犯罪事实清楚、证据确实充分的，应当作出起诉决定；认为需要补充核实的，应当退回监察机关补充调查，必要时可以自行补充侦查；对于有《刑事诉讼法》规定的不起诉情形的，经上一级检察机关批准，可以作出不起诉决定。监察机关认为不起诉决定有错误的，可以要求复议。对涉嫌犯罪取得的财物，应当在移送检察机关提起公诉时随案移送。

第四，被调查人逃匿，在通缉一年后不能到案或者死亡的，由监察机关提请人民检察院依照法定程序，向人民法院提出没收违法所得的申请。

监察机关与审判机关、检察机关、执法部门互相制约，主要是指监察机关和审判机关、检察机关、执法部门在监察程序中，为防止和及时纠正可能发生的错误，通过程序上的制约，以保证办案质量，正确适用法律惩罚犯罪。互相制约在《监察法》中许多具体程序的设置上均有体现，如对被调查人涉嫌职务犯罪，监察机关经调查认为犯罪事实清楚，证据确实、充分的，监察机关要制作起诉意见书，连同案卷材料、证据一并移送人民检察院，由人民检察院依法提起公诉，人民检察院依法对被调查人采取强制措施。再如，监察机关认为人民检察院的不起诉决定有错误的，可以要求复议。

互相配合、互相制约，是密切相关，缺一不可的。配合和制约是监察机关和审判机关、检察机关、执法部门依法行使职权，顺利进行监察工作和刑事诉讼，正确处理案件，防止和减少错案发生的保证。互相配合、互相制约，最终目的都是为了实现公平正义，有效打击腐败犯罪。

15. 如何理解有关机关和单位应当协助监察机关开展工作？

《监察法》第4条第3款规定："监察机关在工作中需要协助的，有关机关和单位应当根据监察机关的要求依法予以协助。"应当依法协助监察机关开展工作的机关和单位主要包括：

第一，公安机关。监察机关在调查职务违法和职务犯罪过程中，需要采取技术调查措施、作出通缉决定、作出限制出境决定、需要到公安机关管理的羁押场所向被羁押人员调查取证、要求协助查找被调查人、要求配合做好被留置人员看护等工作，应当经监察机关负责人批准后书面通知公安机关，公安机关接到通知后，应当予以配合。

第二，检察机关。监察机关经调查，认为被调查人涉嫌职务犯罪应当移送的，检察机关应当对移送案件进行审查。检察机关审查后认为犯罪事实清楚、证据确实充分的，应当作出起诉决定；

认为需要补充核实的，应当退回监察机关补充调查，必要时可以自行补充侦查；对于有《刑事诉讼法》规定的不起诉情形的，经上一级检察机关批准，可以作出不起诉决定，监察机关认为不起诉决定有错误的，可以向上一级人民检察院提请复议。对涉嫌犯罪取得的财物，应当随案移送人民检察院。被调查人逃匿，在通缉一年后不能到案，或者死亡的，由监察机关提请人民检察院依照法定程序，向人民法院提出没收违法所得的申请。

第三，司法行政机关。监察机关对于案件中的专门性问题，可以指派、聘请有专门知识的人进行鉴定，需要司法行政机关推荐司法鉴定机构的，司法行政机关应积极支持配合。

第四，监察对象所在单位等有关单位。监察机关行使监督、调查职权，有权依法向有关单位和个人了解情况，收集、调取证据，有关单位和个人应当如实提供证据。监察机关调查涉嫌贪污贿赂、失职渎职等严重职务违法或者职务犯罪，根据工作需要，可以依照规定查询、冻结涉案单位和个人的存款、汇款、债券、股票、基金份额等财产，有关单位和个人应当配合。有关人员不按要求提供有关材料，拒绝、阻碍调查措施实施等拒不配合监察机关调查的，提供虚假情况，掩盖事实真相的，串供或者伪造、隐匿、毁灭证据的，阻止他人揭发检举、提供证据的，或者有其他违反《监察法》规定的行为，情节严重的，由其所在单位、主管部门、上级机关或者监察机关责令改正，依法给予处理。值得注意的是，有关机关和单位的协助义务应当按照监察机关的要求依法履行。监察机关要注意保护有关机关和单位的合法权益，保守所知悉的国家秘密、商业秘密和个人隐私。

16. 国家监察工作应当坚持哪些原则?

《监察法》第 5 条规定:"国家监察工作严格遵照宪法和法律,以事实为根据,以法律为准绳;在适用法律上一律平等,保障当事人的合法权益;权责对等,严格监督;惩戒与教育相结合,宽严相济。"此条规定明确了国家监察工作应遵循的原则。

第一,严格遵照宪法和法律。宪法法律是党和人民共同意志的体现,维护宪法法律权威就是维护党和人民共同意志的权威,捍卫宪法法律尊严就是捍卫党和人民共同意志的尊严,保证宪法法律实施就是保证党和人民共同意志的实现。任何组织和个人都必须尊重宪法法律权威,都必须在宪法法律范围内活动,都必须依照宪法法律行使权力或权利、履行职责或义务,都不得有超越宪法法律的特权。任何人违反宪法法律都要受到追究,绝不允许任何人以任何借口任何形式以言代法、以权压法、徇私枉法。在国家监察工作中,首先应当坚持宪法法律至上。

第二,以事实为根据,以法律为准绳。这是监察机关行使监督、调查职权,办理职务违法犯罪案件的基本原则之一。所谓"以事实为根据",是指一个人是否有职务违法或职务犯罪行为,是罪轻还是罪重,都要以事实为根据,对事实情况既不夸大、也不缩小,做到客观公正,不因案件的不同、当事人的不同而不同。所谓"事实",是指监察机关开展监察工作,办理职务违法和职务犯罪案件，必须以客观存在的、经过调查属实的、有证据证明的事实为根据，而不是靠主观想象、推测和怀疑。所谓"以法律为准绳"，是指监察机关办理职务违法和职务犯罪案件，必须以法律为标准。这里所说的法律，主要是指《监察法》，也包括与监察工作相关的其他法律，如《刑法》《刑事诉讼法》等。办理职务违法和职务犯罪案件，从程序上讲，对于是否立案调查、采取何种调查措施以及如何收集、调取证据，是否移送起诉等等，都必须严格依照《监察法》的规定进行，不得违背程序方面的规定；从实体上看，被调查人是否构成违法犯罪，应当如何追究责任，都必须以《刑法》等法律规定为标准。

第三，在适用法律上一律平等，保障当事人的合法权益。所谓"在适用法律上一律平等"，是指监察机关在履行国家监察职责的过程中，对一切公民，不分民族、种族、职业、出身、性别、宗教信仰、教育程度、财产情况、职位高低和功劳大小，都应一律平等地适用法律，不允许存在特权现象。任何人触犯了法律，都应受到追究，并承担相应的法律责任，而不能有任何例外。任何人的合法权益都同样受到国家法律的保护，而不能因人而异。任何人都不能有超越法律之外的特权。所谓"保障当事人的合法权益"，是指被调查人、涉案人员等当事人的人身权利、财产权利等合法权益应当予以保障。值得注意的是，提交第十三届全国人民代表大会审议的《监察法（草案）》并无这一规定，在草案审议过程中，一些代表提出，草案的不少规定体现了对被调查人的权益保障，建议将保障被调查人合法权益作为一项原则在总则中加以明确。宪法和法律委员会经研究，建议采纳上述意见，将草案第5

条中的"在适用法律上一律平等"修改为"在适用法律上一律平等，保障当事人的合法权益"。最终通过的《监察法》采纳了宪法和法律委员会的建议，确立了保障当事人合法权益的原则。

第四，权责对等，严格监督。权责对等原则，即权责相一致原则，是指监察机关在对行使公权力的公职人员进行监察时，要注意其所拥有的权力与其所承担的职责要相适应。调查职务违法和职务犯罪，要在其职责范围内进行，不能要求公职人员承担职责范围以外的责任。同时，在公职人员的职责范围内，要坚持严格监督的原则，要严格要求，绝不能放松要求。

第五，惩戒与教育相结合，宽严相济。在监察工作中，要对违法犯罪的公职人员采取惩罚与教育相结合的处理方针。处罚仅仅是一种教育手段，其最终目的是使当事人认识到其行为的违法犯罪性质。对于其违法犯罪行为，要区分情节轻重，采取不同的处理方式：对有职务违法行为但情节较轻的公职人员，按照管理权限，直接或者委托有关机关、人员，进行谈话提醒、批评教育、责令检查，或者予以诫勉；对违法的公职人员依照法定程序作出警告、记过、记大过、降级、撤职、开除等政务处分决定；对不履行或者不正确履行职责的，按照管理权限对负有责任的领导人员直接作出问责决定，或者向有权作出问责决定的机关提出问责建议；对被调查人涉嫌职务犯罪，监察机关经调查认为犯罪事实清楚，证据确实、充分的，制作起诉意见书，连同案卷材料、证据一并移送人民检察院，依法提起公诉；对监察对象所在单位廉政建设和履行职责存在的问题等提出监察建议；监察机关经过调查，对没有证据证明存在违法犯罪行为的，应当撤销案件。

17. 《监察法》是如何保障当事人合法权益的?

《监察法》既注重保证准确、及时地查明职务违法或者职务犯罪事实,有力惩治违法犯罪分子,也注重保障当事人的合法权益,并确保没有违法犯罪的人不受法律追究;既是监察机关和监察人员依法履职的基本尺度,也是包括监察人员在内的所有公职人员维护自身合法权益的有力法宝。其中,关于保障当事人合法权益方面的规定具体包括:

第一,明确国家监察工作坚持保障当事人合法权益的原则。《监察法》第5条规定:"国家监察工作严格遵照宪法和法律,以事实为根据,以法律为准绳;在适用法律上一律平等,保障当事人的合法权益;权责对等,严格监督;惩戒与教育相结合,宽严相济。"所谓"当事人",是指与监察事项办理结果有着直接利害关系的人,主要包括涉嫌职务违法或者职务犯罪的被调查人、职务违法犯罪的涉案人员等。当事人的人身权利、财产权利等合法权益应当予以保障。《监察法》在监察权限、监察程序、对监察机关和监察人员的监督、法律责任等章节作出具体规定,贯彻落实这一原则。

第二,依法赋予监察机关调查取证权限,同时严格限定各项权限的行使条件。《监察法》规定:监察机关及其工作人员对监督、调查过程中知悉的国家秘密、商业秘密、个人隐私,应当保密

（第18条第2款）。冻结的财产经查明与案件无关的，应当在查明后三日内解除冻结，予以退还（第23条第2款）。在搜查时，应当出示搜查证，并有被搜查人或者其家属等见证人在场。搜查女性身体，应当由女性工作人员进行（第24条第1款、第2款）。采取调取、查封、扣押措施，应当收集原物原件会同持有人或者保管人、见证人，当面逐一拍照、登记、编号，开列清单，由在场人员当场核对、签名，并将清单副本交财物、文件的持有人或者保管人。对调取、查封、扣押的财物、文件，监察机关应当设立专用账户、专门场所，确定专门人员妥善保管，严格履行交接、调取手续，定期对账核实，不得毁损或者用于其他目的。对价值不明物品应当及时鉴定，专门封存保管。查封、扣押的财物、文件经查明与案件无关的，应当在查明后三日内解除查封、扣押，予以退还（第25条）。

监察机关经过严格的批准手续，可以采取技术调查措施。批准决定应当明确采取技术调查措施的种类和适用对象，自签发之日起三个月以内有效；对于复杂、疑难案件，期限届满仍有必要继续采取技术调查措施的，经过批准，有效期可以延长，每次不得超过三个月。对于不需要继续采取技术调查措施的，应当及时解除（第28条）。监察机关经省级以上监察机关批准，可以对被调查人及相关人员采取限制出境措施。对于不需要继续采取限制出境措施的，应当及时解除（第30条）。

监察机关应当收集被调查人有无违法犯罪以及情节轻重的证据，查明违法犯罪事实，形成相互印证、完整稳定的证据链。严禁以威胁、引诱、欺骗及其他非法方式收集证据，严禁侮辱、打骂、虐待、体罚或者变相体罚被调查人和涉案人员（第40条）。监察机关在收集、固定、审查、运用证据时，应当与刑事审判关于证据的要求和标准相一致。以非法方法收集的证据应当依法予以排除，不得作为案件处置的依据（第33条第2款、第3款）。

第三，严格规范监察程序，保证监察权力的正确行使。《监察法》规定：立案调查决定应当向被调查人宣布，并通报相关组织。涉嫌严重职务违法或者职务犯罪的，应当通知被调查人家属，并向社会公开发布（第39条第3款）。调查人员采取讯问、询问、留置、搜查、调取、查封、扣押、勘验检查等调查措施，均应当依照规定出示证件，出具书面通知，由二人以上进行，形成笔录、报告等书面材料，并由相关人员签名、盖章。调查人员进行讯问以及搜查、查封、扣押等重要取证工作，应当对全过程进行录音录像，留存备查（第41条）。调查人员应当严格执行调查方案，不得随意扩大调查范围、变更调查对象和事项（第42条第1款）。监察机关经调查，对没有证据证明被调查人存在违法犯罪行为的，应当撤销案件，并通知被调查人所在单位（第45条第2款）。对监察机关移送的案件，人民检察院经审查，认为需要补充核实的，应当退回监察机关补充调查，必要时可以自行补充侦查。对于补充调查的案件，应当在一个月内补充调查完毕。补充调查以二次为限。人民检察院对于有《中华人民共和国刑事诉讼法》规定的不起诉的情形的，经上一级人民检察院批准，依法作出不起诉的决定（第47条）。监察对象对监察机关作出的涉及本人的处理决定不服的，可以在收到处理决定之日起一个月内，向作出决定的监察机关申请复审，复审机关应当在一个月内作出复审决定；监察对象对复审决定仍不服的,可以在收到复审决定之日起一个月内,向上一级监察机关申请复核,复核机关应当在二个月内作出复核决定。复审、复核期间,不停止原处理决定的执行。复核机关经审查,认定处理决定有错误的,原处理机关应当及时予以纠正(第49条)。

监察机关采取留置措施,应当由监察机关领导人员集体研究决定。设区的市级以下监察机关采取留置措施,应当报上一级监察机关批准。省级监察机关采取留置措施,应当报国家监察委员会备案。留置时间不得超过三个月。在特殊情况下,可以延长一次,延长时间不得超过三个月。省级以下监察机关采取留置措施的,延长留置时间应当报上一级监察机关批准。监察机关发现采取留置措施不当的,应当及时解除(第43条第1款、第2款)。对被调查人采取留置措施后,应当在二十四小时以内,通知被留置人员所在单位和家属,但有可能毁灭、伪造证据,干扰证人作证或者串供等有碍调查情形的除外。有碍调查的情形消失后,应当立即通知被留置人员所在单位和家属。监察机关应当保障被留置人员的饮食、休息和安全,提供医疗服务。讯问被留置人员应当合理安排讯问时间和时长,讯问笔录由被讯问人阅看后签名。被留置人员涉嫌犯罪移送司法机关后,被依法判处管制、拘役和有期徒刑的,留置一日折抵管制二日,折抵拘役、有期徒刑一日(第44条)。

第四,加强对监察机关和监察人员的监督。《监察法》规定:办理监察事项的监察人员有下列情形之一的,应当自行回避,监察对象、检举人及其他有关人员也有权要求其回避:(一)是监察对象或者检举人的近亲属的;(二)担任过本案的证人的;(三)

本人或者其近亲属与办理的监察事项有利害关系的；（四）有可能影响监察事项公正处理的其他情形的（第58条）。监察机关及其工作人员有下列行为之一的，被调查人及其近亲属有权向该机关申诉：（一）留置法定期限届满，不予以解除的；（二）查封、扣押、冻结与案件无关的财物的；（三）应当解除查封、扣押、冻结措施而不解除的；（四）贪污、挪用、私分、调换以及违反规定使用查封、扣押、冻结的财物的；（五）其他违反法律法规、侵害被调查人合法权益的行为。受理申诉的监察机关应当在受理申诉之日起一个月内作出处理决定。申诉人对处理决定不服的，可以在收到处理决定之日起一个月内向上一级监察机关申请复查，上一级监察机关应当在收到复查申请之日起二个月内作出处理决定，情况属实的，及时予以纠正（第60条）。对调查工作结束后发现立案依据不充分或者失实，案件处置出现重大失误，监察人员严重违法的，应当追究负有责任的领导人员和直接责任人员的责任（第61条）。

第五，明确监察机关及其工作人员的法律责任。《监察法》规定：监察机关及其工作人员有下列行为之一的，对负有责任的领导人员和直接责任人员依法给予处理：（一）未经批准、授权处置问题线索，发现重大案情隐瞒不报，或者私自留存、处理涉案材料的；（二）利用职权或者职务上的影响干预调查工作、以案谋私的；（三）违法窃取、泄露调查工作信息，或者泄露举报事项、举报受理情况以及举报人信息的；（四）对被调查人或者涉案人员逼供、诱供，或者侮辱、打骂、虐待、体罚或者变相体罚的；（五）违反规定处置查封、扣押、冻结的财物的；（六）违反规定发生办案安全事故，或者发生安全事故后隐瞒不报、报告失实、处置不当的；（七）违反规定采取留置措施的；（八）违反规定限制他人出境，或者不按规定解除出境限制的；（九）其他滥用职权、玩忽职守、徇私舞弊的行为（第65条）。监察机关及其工作人员行使职权，侵犯公民、法人和其他组织的合法权益造成损害的，依法给予国家赔偿（第67条）。

18. 国家监察工作的方针是什么？

《监察法》第6条规定："国家监察工作坚持标本兼治、综合治理，强化监督问责，严厉惩治腐败；深化改革、健全法治，有效制约和监督权力；加强法治教育和道德教育，弘扬中华优秀传统文化，构建不敢腐、不能腐、不想腐的长效机制。"此条明确了国家监察工作的方针。

第一，要坚持标本兼治、综合治理，强化监督问责，严厉惩治腐败。习近平总书记指出，坚定不移惩治腐败，是我们党有力量的表现，也是全党同志和广大群众的共同愿望。我们党严肃查处一些党员干部包括高级干部严重违纪问题的坚强决心和鲜明态度，向全党全社会表明，我们所说的不论什么人，不论其职务多高，只要触犯了党纪国法，都要受到严肃追究和严厉惩处，决不是一句空话。从严治党，惩治这一手决不能放松。要坚持"老虎"、"苍蝇"一起打，既坚决查处领导干部违纪违法案件，又切实解决发生在群众身边的不正之风和腐败问题。要坚持党纪国法面前没有例外，不管涉及到谁，都要一查到底，决不姑息。反腐败高压态势必须继续保持，坚持以零容忍态度惩治腐败。对腐败分子，发现一个就要坚决查处一个。要抓早抓小，有病就马上治，发现问题就及时处理，不能养痈遗患。要让每一个干部牢记"手莫伸，伸手必被捉"的道理。"见善如不及，见不善如探汤。"领导干部要心存敬畏，不要心存侥幸。

第二，要坚持深化改革、健全法治，有效制约和监督权力。法规制度带有根本性、全局性、稳定性、长期性。铲除不良作风和腐败现象滋生蔓延的土壤，根本上要靠法规制度。要贯彻全面深化改革、全面依法治国的要求，加大反腐倡廉法规制度建设力度，把中央要求、群众期盼、实际需要、新鲜经验结合起来，本着于法周延、于事有效的原则制定新的法规制度、完善已有的法规制度、废止不适应的法规制度，努力形成系统完备的反腐倡廉法规制度体系。要强化制约，科学配置权力，形成科学的权力结构和运行机制。要强化监督，着力改进对领导干部特别是一把手行使权力的监督，加强领导班子内部监督。要强化公开，依法公开权力运行流程，让广大干部群众在公开中监督，保证权力正确行使。要落实党委的主体责任和纪委的监督责任，强化责任追究，不能让制度成为"纸老虎"、"稻草人"。党委、纪委或其他相关职能部门都要对承担的党风廉政建设责任做到守土有责。各项改革举措要体现惩治和预防腐败要求，同防范腐败同步考虑、同步部署、同步实施，堵塞一切可能出现的腐败漏洞，保障改革健康顺利推进。

第三，要坚持加强法治教育和道德教育，弘扬中华优秀传统文化，构建不敢腐、不能腐、不想腐的长效机制。法治教育对构建不敢腐、不能腐、不想腐的长效机制具有根本性作用。要在全社会营造学法、尊法、用法的良好氛围，全面推进领导干部任前法律知识考试制度，加强领导干部和公职人员的法治教育。从思想道德抓起具有基础性作用，思想纯洁是马克思主义政党保持纯洁性的根本，道德高尚是领导干部做到清正廉洁的基础。要教育引导广大党员、干部坚定理想信念、坚守共产党人精神家园，不断夯实党员干部廉洁从政的思想道德基础，筑牢拒腐防变的思想道德防线。要抓好思想理论建设、抓好党性教育和党性修养、抓好道德建设，教育引导广大党员、干部认真学习和实践马克思列宁主义、毛泽东思想、中国特色社会主义理论体系，牢固树立正确的世界观、权力观、事业观，模范践行社会主义荣辱观，以理论上的坚定保证行动上的坚定，以思想上的清醒保证用权上的清醒，不断增强宗旨意识，始终保持共产党人的高尚品格和廉洁操守。

党的十八届四中全会正式提出"形成不敢腐、不能腐、不想腐的有效机制"。《关于新形势下党内政治生活的若干准则》再次强调，"着力构建不敢腐、不能腐、不想腐的体制机制"，这是中国共产党党风廉政建设和反腐败斗争的重要目标要求。国家监察工作的方针就是贯彻党中央的决策部署，构建一套不敢腐、不想腐、不能腐的体制机制。"不敢、不能、不想"是一个力求标本兼治的过程，也是对反腐败工作的长期规划。为实现不敢腐，需要保持反复的高压态势；而实现不能腐，需要扎进制度的笼子，将腐败的机会降到最低；而不想腐是从人的欲望入手，断其腐败的念想，是腐败得到控制的最稳定状态，也是治理腐败的最高境界。

19. 《监察法》确立的监察体制是怎样的？

《监察法》第 7 条规定："中华人民共和国国家监察委员会是最高监察机关。省、自治区、直辖市、自治州、县、自治县、市、市辖区设立监察委员会。"这一规定确立了我国国家和地方各级监察体制。

第一，我国最高监察机关是国家监察委员会。在监察体制中，国家监察委员会是中央一级的监察机关，由全国人民代表大会产生，负责全国监察工作。国家设立最高监察机关，是构建集中统一、权威高效的中国特色国家监察体制的需要，也是深入开展反腐败工作、推进国家治理体系和治理能力现代化的需要。国家监察委员会在我国的监察体系中处于最高地位，主要体现在：①从名称上看，只有国家一级监察委员会名称前冠以"国家"，地方各级监察委员会名称采用行政区划 + "监察委员会"的表述方式，这体现了由行政监察"小监察"变为国家监察"大监察"，表明了最高一级国家机构的地位。②国家监察委员会的组成人员由全国人民代表大会及其常务委员会选举或者任命产生。其中，国家监察委员会主任由全国人民代表大会选举产生，其他组成人员由国家监察委员会主任提请全国人民代表大会常务委员会任免。③国家监察委员会负责全国监察工作，领导地方各级监察委员会的工作。④从管辖范围上看，国家监察委员会可以办理下一级监察委员会管辖范围内的监察事项，必要时也可以办理所辖各级监察机关管辖范围内的监察事项。⑤涉嫌职务犯罪的被调查人主动认罪认罚，或者职务违法犯罪的涉案人员有立功表现的，省级监察机关可以向人民检察院提出从宽处罚的建议，但应当报国家监察委员会批准。⑥省级监察机关采取留置措施，应当报国家监察委员会备案，需要延长留置时间的，应当报国家监察委员会批准。

第二，地方按照行政区划设立监察委员会，即省、自治区、直辖市、自治州、县、自治县、市、市辖区设立监察委员会，负责本行政区域内的监察工作。地方各级监察委员会由本级人民代表大会产生，其中监察委员会主任由本级人民代表大会选举产生，其他组成人员由监察委员会主任提请本级人大常委会任免。地方各级监察委员会实行双重领导制度，要对本级人大及其常委会和上一级监察委员会负责，并接受监督。具体表现在：①各级监察机关按照管理权限管辖本辖区内《监察法》第15条规定的人员所涉监察事项。②上级监察机关可以办理下一级监察机关管辖范围内的监察事项，必要时也可以办理所辖各级监察机关管辖范围内的监察事项。③监察机关之间对监察事项的管辖有争议的，由其共同的上级监察机关确定。④上级监察机关可以将其所管辖的监察事项指定下级监察机关管辖，也可以将下级监察机关有管辖权的监察事项指定给其他监察机关管辖。监察机关认为所管辖的监察事项重大、复杂，需要由上级监察机关管辖的，可以报请上级监察机关管辖。⑤设区的市级以下监察机关采取留置措施，应报上一级监察机关批准。省级以下监察机关采取留置措施的，延长留置时间应当报上一级监察机关批准。⑥上一级监察机关拥有对下一级监察机关决定的复核权。

20. 监察机关如何进行议事决策？

《监察法》第7条规定："中华人民共和国国家监察委员会是最高监察机关。省、自治区、直辖市、自治州、县、自治县、市、市辖区设立监察委员会。"根据这一规定，监察机关不实行首长负责制，而是实行委员会制的集体负责制。根据纪委、监委合署办公体制，监委委务会与纪委常委会会议合并召开，一般不单独召开。监察委员会会议的组织原则、审议事项、工作程序、调查决策等事项应按以下规则进行：

第一，组织原则。坚持集体领导、民主集中、个别酝酿、会议决定和少数服从多数原则。凡属应当由监察委员会讨论和决定的事项，必须由集体讨论研究决定，任何个人无权擅自决定和改变。在集体讨论和决定问题时，个人应当充分发表意见。个人对集体作出的决定必须坚决执行，如有不同意见，可以在内部或向上一级组织提出，但在决定改变之前，不得有任何与决定相违背的言论和行为。

第二，审议事项。包括传达学习、贯彻落实党中央和中央纪委的重要会议、重要文件、重大决策部署；向中央纪委、上级纪委监委和同级党委的重要请示、报告，拟下发的重要文件或出台的重要规章制度，召开的重要会议或举办的重要活动方案；政务处分、重大复杂敏感案件处理；组织建设等事宜；党风廉政建设和反腐败工作中的重大问题以及其他需要提请监察委员会研究讨论的重要事项。特别需要强调的是，监察委员会不设党组，根据党管干部原则，研究干部人事问题需以纪委常委会名义进行。

第三，工作程序。监察委员会会议由主任召集主持，特殊情况可以委托副主任召集主持。会议议题由主任或受委托主持会议的副主任综合考虑后确定。会议必须有半数以上组成人员到会方能召开。案件审理、研究决定重大问题时，必须有三分之二以上组成人员到会。会议表决可根据讨论事项的内容，采取口头、举手、无记名投票或者记名投票等方式进行，赞成票超过应到会组成人员的半数为通过。会议讨论和决定多个事项时，应当逐项表决。对意见分歧较大的议题，除紧急情况外，应当暂缓作出决定，待进一步调查研究、交换意见后再行表决。会议讨论的事项，如涉及组成人员需要回避的应当回避。会议作出的决策，由组成人员按照工作分工负责组织实施。

第四，调查决策。线索处置、案件调查、涉案款物管理、处置执行等方面重要问题，必须经集体研究后，按程序报批。为增强保密性，应根据研究问题的性质，严格控制参与研究的人员范围。如，研究线索处置的人员应控制在监察委员会主要负责人、分管承办室和案件监督管理室的委领导、承办室和案件监督管理室主要负责人、线索管理工作人员范围内。

21. 监察委员会是如何产生和组成的?

《宪法》第3条第3款规定:"国家行政机关、监察机关、审判机关、检察机关都由人民代表大会产生,对它负责,受它监督。"第124条规定:"中华人民共和国设立国家监察委员会和地方各级监察委员会。监察委员会由下列人员组成:主任,副主任若干人,委员若干人。监察委员会主任每届任期同本级人民代表大会每届任期相同。国家监察委员会主任连续任职不得超过两届。监察委员会的组织和职权由法律规定。"《监察法》第8条第1款至第3款和第9条第1款至第3款进一步对国家监察委员会和地方各级监察委员会的产生、组成、监察委员会主任任期作出了细化规定。

对于上述规定,可以从以下三个方面加以理解:

第一,监察委员会的产生。我国实行人民代表大会制度,国家行政机关、监察机关、审判机关、检察机关都由人民代表大会产生,对它负责,受它监督。根据这一制度,各级监察委员会由本级人民代表大会产生,对它负责,受它监督。其中,国家监察委员会由全国人民代表大会产生,负责全国监察工作;地方各级监察委员会由本级人民代表大会产生,负责本行政区域内的监察工作。

第二,监察委员会的组成。无论是国家监察委员会,还是地方各级监察委员会,均由下列人员组成:主任,副主任若干人,委员若干人。关于副主任及委员具体人数，《监察法》并未明确规定，应当根据相关规定，结合具体情况加以确定。其中，国家监察委员会主任由全国人民代表大会选举，副主任、委员由国家监察委员会主任提请全国人民代表大会常务委员会任免；地方各级监察委员会主任由本级人民代表大会选举，副主任、委员由监察委员会主任提请本级人民代表大会常务委员会任免。

第三，监察委员会主任的任期。监察委员会主任每届任期同本级人民代表大会每届任期相同。其中，国家监察委员会主任每届任期同全国人民代表大会每届任期相同，地方各级监察委员会主任每届任期同本级人民代表大会每届任期相同。同时，《监察法》还规定了国家监察委员会主任连续任职限制，即国家监察委员会主任连续任职不得超过两届。

22. 国家监察委员会与全国人大及其常委会之间是什么关系？

《宪法》第 126 条规定："国家监察委员会对全国人民代表大会和全国人民代表大会常务委员会负责。地方各级监察委员会对产生它的国家权力机关和上一级监察委员会负责。"《监察法》第 8 条第 4 款规定："国家监察委员会对全国人民代表大会及其常务委员会负责，并接受其监督。"根据上述规定，国家监察委员会由全国人民代表大会产生，对全国人民代表大会及其常务委员会负责，并接受其监督。

国家监察委员会对全国人大及其常委会负责的规定，具有以下特点：

第一，国家监察委员会对全国人大及其常委会负责，既包括国家监察委员会作为一级组织向后者负责，也包括国家监察委员会的主任及其他组成人员向后者负责。国家监察委员会作为一级组织应当向全国人大及其常委会负责，是因为国家监察委员会作为一个组织的整体都是由全国人大产生的。国家监察委员会主任对全国人大及其常委会负责，是因为他是由全国人大选举产生的。国家监察委员会副主任、委员等其他组成人员应当向全国人大及其常委会负责，是因为他们是由全国人大常委会任免的。

第二，国家监察委员会对全国人大及其常委会负责，既包括国家监察委员会对产生它的全国人大负责，也包括国家监察委员会对全国人大常委会负责。国家监察委员会主任是由全国人大选举产生的，当然要对全国人大负责。但在全国人大闭会期间，全国人大常委会有权监督国家监察委员会的工作，因此，国家监察委员会主任既要对全国人大负责，又要对全国人大常委会负责。国家监察委员会副主任、委员等其他组成人员，是由全国人大常委会任命的，所以必须向全国人大常委会负责。但由于全国人大常委会本身就是全国人大的常设机构，是从属于全国人大并向全国人大负责的，因此，监察委员会的其他组成人员要向全国人大负责就是不言而喻的。

第三，国家监察委员会向全国人大及其常委会负责的方式或者途径，包括向后者作专项工作报告，接受后者对其监察工作的评估，接受后者组织的执法检查，接受后者依照法律规定的程序就检查工作中的有关问题提出的询问或者质询，接受后者对其组成人员的质询和罢免，等等。《监察法》第53条规定："各级监察委员会应当接受本级人民代表大会及其常务委员会的监督。各级人民代表大会常务委员会听取和审议本级监察委员会的专项工作报告，组织执法检查。县级以上各级人民代表大会及其常务委员会举行会议时，人民代表大会代表或者常务委员会组成人员可以依照法律规定的程序，就监察工作中的有关问题提出询问或者质询。"

此外，根据《监察法》第15条的规定，监察机关有权对人民代表大会及其常务委员会机关的公务员进行监察。需要注意的是，这并不是监察机关对人大及其常委会的监察，而是对其机关公务员的监察，即监察委员会监察的对象是"人"而不是机关。《监察法》作为反腐败重要立法，一个重要目的就是把公权力关进制度的笼子。按照对所有行使公权力的公职人员进行监督的改革要求，《监察法》第3条明确规定要实现对所有行使公权力的公职人员监察全覆盖。因此，国家监察监督的是公职人员行使公权力的职务行为，该公职人员所属单位不是监察委员会的监察对象。

23. 地方各级监察委员会对哪些机构负责？

《监察法》第9条第4款规定："地方各级监察委员会对本级人民代表大会及其常务委员会和上一级监察委员会负责，并接受其监督。"可见，我国对地方各级监察委员会实行双重领导体制，地方各级监察委员会既要对本级人大及其常委会负责，并接受监督，也要接受国家监察委员会和上级监察委员会的领导，对其负责，并接受其监督。

对此，可以从以下两方面予以理解：

第一，地方各级人民代表大会及其常务委员会是地方各级国家权力机关，地方各级监察委员会由其产生，对其负责，接受其监督。各级人民代表大会常务委员会听取和审议本级监察机关的专项工作报告，组织执法检查。县级以上各级人民代表大会及其常务委员会举行会议时，人民代表大会代表或者常务委员会组成人员，可以依照法律规定的程序就监察工作中的有关问题提出询问或者质询。

第二，我国的监察体制是集中统一的，实行下级服从上级、地方服从中央的集中统一领导原则。地方各级监察委员会接受双重领导，在对本级人大及其常委会负责的同时，要对上一级监察委员会负责并接受其监督。国家监察委员会是最高国家监察机关，负责全国监察工作，上级监察委员会领导下级监察委员会工作。这对保障监察体制的统一、深入开展反腐败工作具有重要作用。

24. 上下级监察机关之间是什么关系?

《监察法》第10条规定:"国家监察委员会领导地方各级监察委员会的工作,上级监察委员会领导下级监察委员会的工作。"根据这一规定,上下级监察机关之间是领导与被领导的关系。为保证党对反腐败工作的集中统一领导,党的纪律检查机关同监察委员会合署办公,履行纪检、监察两项职责,监察委员会在领导体制上与纪委的双重领导体制高度一致。监察委员会在行使职权时,重要事项需由同级党委批准;国家监察委员会领导地方各级监察委员会的工作,上级监察委员会领导下级监察委员会的工作,地方各级监察委员会要对上一级监察委员会负责。

第一,国家监察委员会是最高监察机关,领导地方各级监察委员会的工作。这一法律地位的体现主要是:国家监察委员会由全国人民代表大会产生;国家监察委员会由全国人民代表大会选举的主任和由主任提请全国人大常委会任命的副主任、委员组成;地方各级监察委员会须统一服从国家监察委员会的领导。

第二,上下级监察机关之间是领导与被领导的关系,这一点与人民检察院的领导体制相同,而有别于人民法院上下级之间的监督与被监督关系。这种领导体制是构建集中统一、权威高效的中国特色国家监察体制的需要,具体体现在以下方面:①上级监察机关可以办理下一级监察机关管辖范围内的监察事项,必要时也可以办理所辖各级监察机关管辖范围内的监察事项。监察机关认为所管辖的监察事项重大、复杂，需要由上级监察机关管辖的，可以报请上级监察机关管辖。②监察机关为防止被调查人及相关人员逃匿境外，可以对被调查人及相关人员采取限制出境措施，但应当经省级以上监察机关批准。③涉嫌职务犯罪的被调查人主动认罪认罚，或者职务违法犯罪的涉案人员有立功表现的，监察机关可以向人民检察院提出从宽处罚的建议，但应当报上一级监察机关批准。④设区的市级以下监察机关采取留置措施，应当报上一级监察机关批准，省级监察机关采取留置措施，应当报国家监察委员会备案。省级以下监察机关采取留置措施的，延长留置时间应当报上一级监察机关批准。⑤监察机关在调查贪污贿赂、失职渎职等职务犯罪案件过程中，被调查人逃匿或者死亡，有必要继续调查的，应当继续调查并作出结论，但应当经省级以上监察机关批准。

监察体制改革试点地区的实践证明，监察委员会上下级之间的这一领导体制，有利于强化上级监察机关对下级监察机关的业务领导和干部的考核管理，有利于建设强有力的国家监察体制，对于强化党和国家的自我监督意义重大。

25. 监察机关应当履行哪些法定职责?

《监察法》第11条规定:"监察委员会依照本法和有关法律规定履行监督、调查、处置职责:(一)对公职人员开展廉政教育,对其依法履职、秉公用权、廉洁从政从业以及道德操守情况进行监督检查;(二)对涉嫌贪污贿赂、滥用职权、玩忽职守、权力寻租、利益输送、徇私舞弊以及浪费国家资财等职务违法和职务犯罪进行调查;(三)对违法的公职人员依法作出政务处分决定;对履行职责不力、失职失责的领导人员进行问责;对涉嫌职务犯罪的,将调查结果移送人民检察院依法审查、提起公诉;向监察对象所在单位提出监察建议。"根据这一规定,监察委员会是国家反腐败工作机构,要聚焦惩治腐败这一主责主业,其法定职责主要包括监督、调查、处置三项。

第一,监督职责,即监察机关要依法对公职人员开展廉政教育,对其依法履职、秉公用权、廉洁从政从业以及道德操守情况进行监督检查。根除腐败,需要加强思想道德教育和法治教育,弘扬中华优秀传统文化,增强不想腐的自觉。因此,监察机关的一项重要职责就是对公职人员开展廉政教育,促使党员领导干部切实增强廉洁自律意识、筑牢拒腐防变的思想道德防线。在开展廉政教育的同时,监察机关要对公职人员依法履职、秉公用权、廉洁从政从业以及道德操守情况进行监督检查。

第二,调查职责,即监察机关依法对涉嫌贪污贿赂、滥用职权、玩忽职守、权力寻租、利益输送、徇私舞弊以及浪费国家资财等职务违法和职务犯罪进行调查。《监察法》明确了监察机关的职责权限和调查手段，同时作出多项规定严格规范权力行使，保障被调查人员特别是被留置人员的合法权利，明确关于证据的要求和标准应当与刑事审判相一致，解决了长期以来纪律与法律衔接不畅的问题。这里要注意，监察机关行使的调查权不同于刑事侦查权，不能等同司法机关的强制措施。监察委员会是由国家权力机关设立的监督机关，是反腐败工作机构，其职责是监督、调查、处置，与公安、检察机关等执法和司法机关性质不同。反腐败针对的职务犯罪区别于一般刑事犯罪，《监察法》区别于《刑事诉讼法》。监察机关调查职务违法和职务犯罪适用监察法，案件移送检察机关后适用《刑事诉讼法》。因此，如果公职人员涉嫌职务犯罪，待监察机关对其相关问题调查清楚后，按照有关规定，移送检察机关审查起诉，由法院进行审判。监察机关调查取得的证据材料，在刑事诉讼中可以作为证据使用。监察机关应依照法定程序，参照《刑事诉讼法》对证据的形式要件和实质要件的要求，全面、客观地收集被调查人有无违法犯罪以及情节轻重的证据，包括物证、书证、证人证言、被调查人供述和辩解、视听资料、电子数据等证据材料。收集、固定、审查、运用证据时，应当与刑事审判关于证据的要求和标准相一致。

第三，处置职责，即监察机关对违法的公职人员依法作出政务处分决定；对履行职责不力、失职失责的领导人员进行问责；对涉嫌职务犯罪的，将调查结果移送人民检察院，依法提起公诉；向监察对象所在单位提出监察建议。《监察法》用"政务处分"替代了"政纪处分"。"政纪"是历史形成的,我们党早在陕甘宁边区就开始使用这一概念。改革开放以来,随着依法治国深入推进,我国法律体系不断完善,所有"政纪"均已成为国家立法,由《中华人民共和国公务员法》(以下简称《公务员法》)、《行政机关公务员处分条例》等法律法规加以规定。在全面依法治国条件下,党纪与法律之间没有中间地带。监察机关依据相关法律对违法的公职人员作出政务处分决定,这将进一步推动依法执政,实现纪法分开和纪法衔接。具体而言,监察机关根据监督、调查结果,依法可作出如下处置:①对有职务违法行为但情节较轻的公职人员,按照管理权限,直接或者委托有关机关、人员,进行谈话提醒、批评教育、责令检查,或者予以诫勉;②对违法的公职人员依照法定程序作出警告、记过、记大过、降级、撤职、开除等政务处分决定;③对不履行或者不正确履行职责负有责任的领导人员,按照管理权限对其直接作出问责决定,或者向有权作出问责决定的机关提出问责建议;④对被调查人涉嫌职务犯罪,监察机关经调查认为犯罪事实清楚,证据确实、充分的,制作起诉意见书,连同案卷材料、证据一并移送人民检察院依法审查、提起公诉;⑤对监察对象所在单位廉政建设和履行职责存在的问题等提出监察建议。监察机关经调查,对没有证据证明被调查人存在违法犯罪行为的,应当撤销案件,并通知被调查人所在单位。

26. 监察机关如何派驻或者派出监察机构、监察专员？

《监察法》第 12 条规定："各级监察委员会可以向本级中国共产党机关、国家机关、法律法规授权或者委托管理公共事务的组织和单位以及所管辖的行政区域、国有企业等派驻或者派出监察机构、监察专员。监察机构、监察专员对派驻或者派出它的监察委员会负责。"根据这一规定，各级监察机关依法可以向有关单位派驻监察机构、监察专员。实现对所有行使公权力的公职人员监察全面覆盖，是制定《监察法》的重要目的。监察机关向同级党和国家机关派驻监察机构、监察专员，是实现这一目的的重要路径之一。

对于上述规定，应从以下几个方面理解：

第一，各级监察委员会均可以派驻或者派出监察机构、监察专员，即国家监察委员会和地方各级监察委员会均可以根据工作需要派驻或者派出监察机构、监察专员。

第二，派驻或者派出监察机构、监察专员的对象范围包括：本级中国共产党的机关、国家机关、法律法规授权或者委托管理公共事务的组织和单位以及所管辖的行政区域、国有企业等。

第三，各级监察委员会根据需要派驻或者派出的可以是监察机构，也可以是监察专员。

第四，监察机构、监察专员对派驻或者派出它的监察机关负责，并不实行双重领导，不受所在的派驻或者派出机关、单位的领导。

实践中，纪委和监察委合署办公，因此，其往往通过向同级党和国家机关派驻纪检监察组，以实现对所有行使公权力的公职人员监察全覆盖的目标。派驻机构实行统一名称、统一管理，称为"派驻纪检监察组"。派驻纪检监察组共同设置内设机构，履行纪检、监察两项职能，实现监督全覆盖。派驻机构对派出机关负责，受派出机关直接领导。派驻机构按照干部管理权限和派出机关的授权履行监督、执纪、问责和监督、调查、处置职责。驻在单位具有行业管理职能的，派驻机构可以根据授权对驻在单位管理的行业、系统实施党内监督和国家监察。

27. 派驻或者派出的监察机构、监察专员如何作出政务处分决定？

《监察法》第 13 条规定："派驻或者派出的监察机构、监察专员根据授权，按照管理权限依法对公职人员进行监督，提出监察建议，依法对公职人员进行调查、处置。"

在履行处置职责时，派驻或者派出的监察机构、监察专员一般遵循以下程序：①完成调查和审理工作后，经研究提出（拟定）政务处分意见。②作出政务处分决定前，应征求被监督单位意见，并区别不同情况处理：被监督单位无异议且拟作出警告、记过、记大过、降级处分的，报派驻或者派出机关备案后，直接作出处分决定；被监督单位有异议或者拟作出撤职、开除公职处分的，报派出机关批准后，作出处分决定。

派驻或者派出的监察机构、监察专员进行政务处分的主要依据是：①监察对象为行政机关公务员的，依照《公务员法》《行政机关公务员处分条例》及其他有关规定执行。②监察对象为党的机关、人大机关、政协机关、各民主党派和工商联机关公务员的，依据《关于党的机关、人大机关、政协机关、各民主党派和工商联机关公务员参照执行〈行政机关公务员处分条例〉的通知》要求，按照《公务员法》的有关规定，参照《行政机关公务员处分条例》执行。③监察对象为审判机关、检察机关公务员的，依照《公务员法》、《中华人民共和国法官法》（以下简称《法官法》）、《中华人民共和国检察官法》（以下简称《检察官法》）等有关规定执行。④监察对象为参照《公务员法》管理的人员的，参照《行政机关公务员处分条例》执行。⑤监察对象为事业单位工作人员的，对于其中参照《公务员法》管理的，参照《行政机关公务员处分条例》执行；对于其他事业单位工作人员，依照《事业单位工作人员处分暂行规定》执行。

28. 如何理解我国监察官制度?

《监察法》第 14 条规定:"国家实行监察官制度,依法确定监察官的等级设置、任免、考评和晋升等制度。"根据这一规定,我国实行监察官制度,加强监察队伍的正规化、专业化和职业化建设。

监察官是依法行使国家监察权的监察人员。《监察法》第 14 条对监察官制度作出了原则性规定,而监察官的等级设置、任免、考评和晋升等制度,还需要相应的法律予以明确。参照《检察官法》、《法官法》等法律的规定,完整的监察官制度可能涉及职责、义务和权利、监察官的条件、任免、任职回避、监察官的等级、考评、晋升、培训、奖励、惩戒、工资保险福利、辞职辞退、退休、申诉控告、监察官考评委员会等内容。

为保障监察工作的公平公正,《监察法》第 58 条规定了监察人员回避的法定情形:"办理监察事项的监察人员有下列情形之一的,应当自行回避,监察对象、检举人及其他有关人员也有权要求其回避:(一)是监察对象或者检举人的近亲属的;(二)担任过本案的证人的;(三)本人或者其近亲属与办理的监察事项有利害关系的;(四)有可能影响监察事项公正处理的其他情形的。"第 59 条对监察机关涉密人员离岗离职后的脱密期管理和监察人员辞职、退休后的从业限制作出了明确规定:"监察机关涉密人员离岗离职后,应当遵守脱密期管理规定,严格履行保密义务,不得泄露相关秘密。监察人员辞职、退休三年内，不得从事与监察和司法工作相关联且可能发生利益冲突的职业。"

实践中，根据《全国人大常委会关于在全国各地推开国家监察体制改革试点方案》的规定，地方各级监察委员会主要是将地方各级人民政府的监察厅（局）、预防腐败局和人民检察院查处贪污贿赂、失职渎职以及预防职务犯罪等部门的人员组成。

29. 如何理解监察对象范围中的公务员及参公管理人员？

根据《监察法》第15条的规定，监察机关的监察对象范围包括公职人员和有关人员。其中第1项规定，监察机关对中国共产党机关、人民代表大会及其常务委员会机关、人民政府、监察委员会、人民法院、人民检察院、中国人民政治协商会议各级委员会机关、民主党派机关和工商业联合会机关的公务员，以及参照《公务员法》管理的人员进行监察。这一规定明确了公务员以及参公管理人员范围。对此，应从以下方面加以理解：

第一，公务员的概念和条件。所谓"公务员"，是指依法履行公职、纳入国家行政编制、由国家财政负担工资福利的工作人员。属于公务员，必须符合三个条件：

①依法履行公职。所谓"履行公职"，是指依据职责从事公务

活动。在我国，依法履行公职的人员不仅包括各级国家机构的工作人员，也包括政党机关、人民政协机关工作人员等。宪法确定了中国共产党在国家中的领导地位。中国共产党是执政党，各民主党派是参政党。人民政协是爱国统一战线的组织形式，是具有中国特色的政治组织。因此，政党机关、人民政协机关及其工作人员参与国家政治、经济和社会事务的决策、实施和监督的活动也是一种公务活动和公职行为。②纳入国家行政编制。按照我国现行的编制管理制度，我国人员编制可分为行政编制、事业编制、企业编制、军事编制等。行政编制不仅仅是行政机关使用的编制，而且也是各类机关使用的编制。但在一个机关中，并不是所有的人员都使用该机关的行政编制，如工勤人员不使用行政编制。人大、政协和民主党派机关中不驻会的人员，他们不使用该机关的行政编制，行政关系不属于该机关。在这里，只有纳入和使用国家行政编制的人员才划入公务员范围。③由国家财政负担工资福利。也就是由国家为他们提供工资和福利等保障。公务员属于国家财政供养的人员，但并不是财政供养的人员都是公务员。财政供养人员的很大一部分，如公立学校的教师、科研院所的科研人员等，虽然由国家负担其工资福利，但不属于公务员，因为其不具备另外两个条件。只有同时具备上述三个条件，才划入公务员范围。

第二，公务员的范围。按照上述界定标准，公务员的范围是以下八类机关中除工勤人员以外的工作人员：中国共产党机关；人民代表大会及其常务委员会机关；人民政府；监察委员会；人民法院；人民检察院；中国人民政治协商会议各级委员会机关；民主党派机关和工商业联合会机关。凡属上述人员，均在监察机关的监察范围之列。

下列人员如果人事关系所在部门和单位不属于前述规定的八类机关的，不列入公务员范围，包括：中国共产党的各级代表大会代表、委员会委员、纪律检查委员会委员；各级人民代表大会代表、常务委员会组成人员、专门委员会成员；中国人民政治协商会议各级委员会常务委员、委员；各民主党派中央和地方各级委员会委员、常委和专门委员会成员；中华全国工商业联合会和地方工商联执行委员、常务委员会成员和专门委员会成员。

机关中的工勤人员不属于公务员范围，这主要是因为：①工勤人员的工作纯属后勤服务性质，他们使用的是工勤编制，而不是行政编制。②从历史延续性来看，工勤人员过去也不属于机关干部范畴，公务员的管理办法对他们不适用，他们的录用不需要经过公务员录用考试，他们的考核、奖惩、职务升降等都与公务员不同。③通过改革，机关后勤服务工作将逐步社会化。因此，工勤人员也不宜列入公务员范围。

第三，参公管理人员的概念和范围。所谓"参公管理人员"，是指参照《公务员法》管理的人员。《公务员法》第106条规定："法律、法规授权的具有公共事务管理职能的事业单位中除工勤人员以外的工作人员，经批准参照本法进行管理。"《公务员法》自2006年1月1日起施行，同年8月22日，中共中央组织部、人事部印发《工会、共青团、妇联等人民团体和群众团体机关参照〈中华人民共和国公务员法〉管理的意见》，根据中央决定，明确工会、共青团、妇联等使用行政编制或由中央机构编制部门直接管理机构编制的人民团体和群众团体机关参照《公务员法》进行管理；上述人民团体和群众团体机关中，除工勤人员以外的机关工作人员，列入参照《公务员法》管理范围。根据上述规定，参照《公务员法》管理的机关或单位主要包括两类，一类是参照《公务员法》管理的人民团体和群众团体机关，另一类是参照《公务员法》管理的事业单位。上述机关或单位中除工勤人员以外的工作人员属于"参公管理人员"。他们不列入公务员范围，但也属行使公权力的公职人员，也在监察机关的监察范围之列。

30. 监察对象范围如何体现了国家监察全面覆盖？

《监察法》的立法目的是加强对所有行使公权力的公职人员的监督，实现国家监察全面覆盖。《监察法》第 3 条规定，各级监察委员会是行使国家监察职能的专责机关，依照本法对所有行使公权力的公职人员进行监察。《监察法》第 15 条对监察对象范围作出了明确规定。这一范围比公务员以及参公管理人员的范围更广，除了这两类人员，主要还包括以下几类人员：

第一，法律、法规授权或者受国家机关依法委托管理公共事务的组织中从事公务的人员（第 15 条第 2 项）。所谓"授权"，是指法律、法规明确授予有关组织管理公共事务的职权。作为授权依据的法律、法规包括：全国人民代表大会及其常务委员会制定的法律；国务院制定的行政法规和国务院决定；省、自治区、直辖市，较大的市（省、自治区的人民政府所在地的市、经济特区所在地的市以及经国务院批准的较大的市）的人民代表大会及其常务委员会制定的地方性法规；民族自治地方的人民代表大会制定的自治条例和单行条例；与行政法规有同等效力的政策性法规文件。所谓"委托"，是指国家机关在其职权范围内，依法将其职权委托给非国家机关的组织来行使，受委托组织以委托机关的名义实施管理行为，并由委托机关承担法律责任。所谓"管理公共事务"，主要是指党委系统担负的党的领导机关工作职能和政府系统行使的行政管理职能。公共事务管理职能依据法律、法规等的授权和党委、政府以及机构编制部门制定的"三定"规定（方案）或规定的主要职责确定。

目前，我国实际存在一些法律、法规授权或者受国家机关委托从事公共事务管理职能的事业单位，从其履行职能的性质看，其行使的实际上就是行政管理权，但使用的是事业编制和事业经费。例如，2003年通过的《全国人民代表大会常务委员会关于中国银行业监督管理委员会履行原由中国人民银行履行的监督管理职责的决定》规定："由国务院依照现行《中华人民共和国中国人民银行法》、《中华人民共和国商业银行法》和其他有关法律的规定，确定中国银行业监督管理委员会履行原由中国人民银行履行的审批、监督管理银行、金融资产管理公司、信托投资公司及其他存款类金融机构等的职责及相关职责。"《中华人民共和国行政处罚法》（以下简称《行政处罚法》）第18条第1款规定："行政机关依照法律、法规或者规章的规定，可以在其法定权限内委托符合本法第十九条规定条件的组织实施行政处罚。"2002年通过的《全国人民代表大会常务委员会关于〈中华人民共和国刑法〉第九章渎职罪主体适用问题的解释》规定，在依照法律、法规规定行使国家行政管理职权的组织中从事公务的人员，或者在受国家机关委托代表国家机关行使职权的组织中从事公务的人员，或者虽未列入国家机关人员编制，但在国家机关中从事公务的人员，在代表国家机关行使职权时，有渎职行为，构成犯罪的，依照《刑法》关于渎职罪的规定追究刑事责任。从工作性质和管理的需要出发，上述人员应列入监察机关的监察范围。

第二，有关单位或组织中的管理人员（第15条第3项至第5项）。主要包括三类：①国有企业管理人员。所谓"管理人员"，是指在国有企业中具有管理职责或履行一定职务的人员，不具有管理职责的一般工人、临时工等其他勤杂人员，不属于国有企业管理人员。②公办的教育、科研、文化、医疗卫生、体育等单位中从事管理的人员。③基层群众性自治组织中从事管理的人员。2000年通过、2009年修改的《全国人民代表大会常务委员会关于〈中华人民共和国刑法〉第九十三条第二款的解释》规定，村民委员会等村基层组织人员协助人民政府从事下列行政管理工作，属于《刑法》第93条第2款规定的"其他依照法律从事公务的人员"：救灾、抢险、防汛、优抚、扶贫、移民、救济款物的管理；社会捐助公益事业款物的管理；国有土地的经营和管理；土地征收、征用补偿费用的管理；代征、代缴税款；有关计划生育、户籍、征兵工作；协助人民政府从事的其他行政管理工作。

第三，其他依法履行公职的人员（第15条第6项）。这是一个兜底性条款，前述两类人员之外，任何依法履行公职的人员，均在监察机关的监察范围之列，实现国家监察全面覆盖。

31. 各级监察机关的管辖权限如何划分？

《监察法》第 16 条规定："各级监察机关按照管理权限管辖本辖区内本法第十五条规定的人员所涉监察事项。上级监察机关可以办理下一级监察机关管辖范围内的监察事项，必要时也可以办理所辖各级监察机关管辖范围内的监察事项。监察机关之间对监察事项的管辖有争议的，由其共同的上级监察机关确定。"根据这一规定，各级监察机关的管辖权限根据辖区进行划分，实行分级管辖制度，各级监察机关主要管辖本辖区内监察对象所涉监察事项。与此同时，法律也对提级管辖和管辖争议作出了明确规定。

第一，以分级管辖为主。各级监察机关按照管理权限管辖本辖区内《监察法》第 15 条规定的人员所涉监察事项。《监察法》规定，中华人民共和国国家监察委员会是最高监察机关，省、自治区、直辖市、自治州、县、自治县、市、市辖区设立监察委员会；国家监察委员会由全国人民代表大会产生，负责全国监察工作，地方各级监察委员会由本级人民代表大会产生，负责本行政区域内的监察工作；各级监察委员会可以向本级中国共产党机关、国家机关、法律法规授权或者委托管理公共事务的组织和单位以及所管辖的行政区域、国有企业等派驻或者派出监察机构、监察专员，派驻或者派出的监察机构、监察专员根据授权，按照管理权限依法对公职人员进行监督，提出监察建议，依法对公职人员进行调查、处置。上述规定总体上确立了以行政区划为基础的分级管辖制度，是确定各级监察机关管辖权限划分的一般原则。

第二，以提级管辖为辅。在实行分级管辖制度的基础上，上级监察机关可以办理下一级监察机关管辖范围内的监察事项，必要时也可以办理所辖各级监察机关管辖范围内的监察事项。《监察法》第10条规定："国家监察委员会领导地方各级监察委员会的工作，上级监察委员会领导下级监察委员会的工作。"提级管辖是上级监察机关对下级监察机关实行领导在监察事项管辖方面的具体体现。这样规定是对分级管辖制度的必要补充，便于处理一些难度较大的监察事项。上级监察机关可以办理下级监察机关管辖范围内的监察事项，并不是说下级监察机关管辖范围内的所有监察事项，上级监察机关都要去办理。如果上级监察机关都去办理，管得过多，不仅管不过来，也不可能管好，不利于发挥下级监察机关工作的主动性和积极性，影响监察工作有序、正常开展。上级监察机关办理下级监察机关管辖范围内的监察事项，应限于以下几种情况：上级监察机关认为在其所辖地区有重大影响的监察事项；上级监察机关认为下级监察机关不便办理或无力办理的重要复杂的监察事项，以及下级监察机关办理可能会影响公正处理的监察事项；领导机关指定由上级监察机关直接办理的监察事项。

第三，管辖争议的解决方式。所谓"管辖争议"，是指对同一监察事项，有两个或者两个以上的监察机关都认为自己具有或者不具有管辖权而发生的争议。两个或两个以上监察机关发生管辖争议之后，应报请它们共同的上级监察机关，由该上级监察机关确定由哪一个监察机关管辖。所谓"共同的上级监察机关"，是指同发生管辖争议的两个或者两个以上监察机关均有领导与被领导关系的上一级监察机关。这一规定的基础是行政隶属关系，如同一省的两个地级市监察机关的共同上一级监察机关就是该省的省级监察机关；不同省、自治区、直辖市监察机关的共同上一级监察机关就是国家监察委员会。

32. 如何理解监察管辖中的指定管辖和报请管辖？

《监察法》第 17 条规定："上级监察机关可以将其所管辖的监察事项指定下级监察机关管辖，也可以将下级监察机关有管辖权的监察事项指定给其他监察机关管辖。监察机关认为所管辖的监察事项重大、复杂，需要由上级监察机关管辖的，可以报请上级监察机关管辖。"这一条对指定管辖和报请管辖作出了规定，是对《监察法》第 16 条规定的一般管辖原则的重要补充。

第一，指定管辖。主要包括两种情形：①上级监察机关将其所管辖的监察事项指定下级监察机关管辖，即上级监察机关本来对某一监察事项有管辖权，但根据监察事项的具体情况，决定不自行受理和查处，而是指定给下级监察机关处理；②上级监察机关将下级监察机关有管辖权的监察事项指定给其他监察机关管辖，即上级监察机关根据监察事项的具体情况，确定某一监察事项应由哪个监察机关管辖后，指令已受理该监察事项的监察机关将监察事项移送指定受理的监察机关处理。指定管辖与提级管辖都是对分级管辖制度的变更和补充，但提级管辖主要是管辖上收，而指定管辖则是管辖下放或平移。二者都是上级监察机关对下级监察机关实行领导在监察事项管辖方面的具体体现。下级监察机关要服从上级监察机关的指定，而不能从本地区的局部利益出发来认识问题，对于上级监察机关指定自己管辖的监察事项，应当及时受理查处；对于上级监察机关决定移送其他监察机关受理的案件，应当及时移送。

第二，报请管辖。主要是指监察机关认为所管辖的监察事项重大、复杂，需要由上级监察机关管辖的，可以报请上级监察机关管辖。报请管辖与提级管辖类似，均属管辖上收的情形，只不过启动管辖变更程序的主体分别是下级监察机关和上级监察机关。与此相应，报请管辖的适用情形也应当结合提级管辖的适用情形加以理解，主要包括监察机关认为在上级监察机关辖区有重大影响的监察事项，监察机关认为自己不便办理或无力办理的重要复杂的监察事项，监察机关认为自己办理可能会影响公正处理的监察事项，等等。针对上述重大、复杂且需要由上级监察机关管辖的监察事项，监察机关可以报请上级监察机关管辖。但需要注意的是，报请管辖也是上级监察机关对下级监察机关实行领导在监察事项管辖方面的具体体现，下级监察机关报请上级监察机关管辖应由自己管辖的监察事项时，应当取得上级监察机关的批准，上级监察机关认为监察事项仍应由下级监察机关管辖的，下级监察机关应当服从上级监察机关的决定。

33. 监察机关应当如何收集和调取证据？

《监察法》第18条规定："监察机关行使监督、调查职权，有权依法向有关单位和个人了解情况，收集、调取证据。有关单位和个人应当如实提供。监察机关及其工作人员对监督、调查过程中知悉的国家秘密、商业秘密、个人隐私，应当保密。任何单位和个人不得伪造、隐匿或者毁灭证据。"根据这一规定，收集、调取证据是监察机关的法定职权，有关单位和个人都有如实提供证据的义务。

对此，应从以下三个方面加以理解：

第一，监察机关有权依法向有关单位和个人了解情况，收集、调取证据，有关单位和个人应当如实提供。这是根据查明监察事项事实、打击违法犯罪、保障人权的需要，法律赋予监察机关的职权。"有关单位和个人应当如实提供"，是指有关单位和个人在监察机关依法向其了解情况和收集、调取证据时，有义务向监察机关客观、真实地提供有关情况和证据，包括交出真实的物证、书证、视听资料、电子数据，提供真实的证言等。"如实提供"，就是既不能隐瞒不提供，又不能伪造编造，而要实事求是。监察机关收集、调取证据的具体程序和规范，《监察法》在监察权限、监察程序等有关章节中作出了规定。需要强调的是，《监察法》第33条第2款、第3款明确规定："监察机关在收集、固定、审查、运用证据时，应当与刑事审判关于证据的要求和标准相一致。以非法方法收集的证据应当依法予以排除，不得作为案件处置的依据。"

第二，监察机关及其工作人员对监督、调查过程中知悉的国家秘密、商业秘密、个人隐私应当保密。"国家秘密"是指关系国家安全和利益，依照法定程序确定，在一定时间内只限一定范围的人员知悉的事项。"商业秘密"是指不为公众所知悉，能为权利人带来经济利益，具有实用性并经权利人采取保密措施的技术信息和经营信息。"个人隐私"是指个人生活中不愿公开或不愿为他人知悉的秘密。国家秘密关系国家安全和利益，商业秘密关系权利人的经济利益，隐私权是个人的重要人身权利。《中华人民共和国保守国家秘密法》（以下简称《保守国家秘密法》）、《刑法》、《中华人民共和国侵权责任法》等法律对国家秘密、商业秘密、个人隐私的保护作了规定。监察机关及其工作人员对在监督、调查过程中接触到的涉及国家秘密、商业秘密、个人隐私的证据，应当妥善保管，不得遗失、泄露，不得让不该知悉的人知悉。

第三，任何单位和个人不得伪造、隐匿或者毁灭证据。证据是否确实、充分，决定是否追究被调查人的法律责任。证据的虚假、藏匿和灭失，尤其是可作为定案根据的关键证据的虚假、藏匿和灭失，会对监督、调查造成严重的影响，乃至造成冤假错案。因此，法律规定不得伪造、隐匿或者毁灭证据，同时规定了伪造、隐匿、毁灭证据的法律责任。所谓"伪造证据"，是指制作虚假的物证、书证等，如补开假的单据、证明，涂改账目，甚至伪造是他人犯罪的物证、书证等。所谓"隐匿证据"，是指将监察机关尚未掌握的证据隐藏起来。所谓"毁灭证据"，是指将证据烧毁、涂抹、砸碎、撕碎、抛弃或者使用其他方法让其灭失或者不能再作为证据使用。根据《监察法》第63条的规定，有关人员伪造、隐匿、毁灭证据的，由其所在单位、主管部门、上级机关或者监察机关责令改正，依法给予处理。所谓"依法给予处理"，是指对伪造、隐匿、毁灭证据的行为依法追究责任。构成伪证罪、包庇罪、滥用职权罪等犯罪的，依法追究刑事责任。不构成犯罪的，依法给予行政处罚或者处分。

34. 对可能发生职务违法的公职人员，监察机关应当如何采取谈话措施？

《监察法》第19条规定对可能发生职务违法的监察对象，监察机关按照管理权限，可以采取谈话或者要求说明情况的措施。谈话或者要求说明情况，主要用于在采取初步核实方式处置问题线索期间，向被核查人及相关涉案人员调查职务违法事实。按照规定，监察机关只有在掌握了监察对象部分涉嫌职务违法、职务犯罪事实和证据的条件下，才可以立案调查，这就要求监察机关在立案之前做好扎实的初步核实工作。谈话或者要求说明情况作为一项最基本的调查措施，在监察机关案件初步核实过程中被大量运用，对于获取证据和突破案件具有关键作用。

《监察法》第19条规定："对可能发生职务违法的监察对象，监察机关按照管理权限，可以直接或者委托有关机关、人员进行谈话或者要求说明情况。"这一规定包括以下几方面内容：一是对象为可能发生职务违法的监察对象，这说明谈话或者要求说明情况一般发生在监察机关案件初步核实阶段；二是监察机关要按照干部管理权限进行；三是监察机关既可以安排工作人员直接进行谈话或者要求说明情况，也可以委托有关机关、人员进行谈话或者要求说明情况，"委托有关机关、人员"主要是指委托可能发生职务违法的监察对象所在的单位和有关人员。

采取谈话方式前，应当拟订谈话方案和相关工作预案，按程序报批。如果谈话对象是下一级党委（党组）主要负责人的，根据《中国共产党纪律检查机关监督执纪工作规则（试行）》的规定，应当报纪检机关主要负责人批准，必要时向同级党委主要负责人报告。谈话过程应当形成工作记录，谈话后可视情况由被谈话人写出书面说明。

需要指出的是，"谈话或者要求说明情况"与"谈话提醒"并不相同。《监察法》第45条规定，监察机关根据监督、调查结果，对有职务违法行为但情节较轻的公职人员，按照管理权限，依法可以进行谈话提醒、批评教育、责令检查，或者予以诫勉。这里的谈话提醒是一种组织处理方式，是指监察机关对反映问题轻微、不需要追究党纪责任的，可以采取谈话提醒等方式处理。而谈话或者要求说明情况，是一种反映问题线索的处置方式，监察机关接到对干部一般性违纪问题的反映，应当及时找本人核实、谈话或者要求说明情况，让干部把问题讲清楚。谈话或者要求说明情况，体现严管就是厚爱，对于落实把纪律挺在前面，让"红红脸、出出汗"成为常态具有重要意义。

35. 监察机关在调查过程中应当如何采取讯问措施？

《监察法》第 20 条规定监察机关在调查过程中，可以采取要求作出陈述或讯问的措施。根据本法规定，经过初步核实，对涉嫌职务违法犯罪，需要追究法律责任的，监察机关应当按照规定的权限和程序办理立案手续。立案之后，监察机关对职务违法和职务犯罪案件，应当进行调查。要求作出陈述和讯问就是两种重要的调查措施，二者相同之处在于都是为了获取被调查人的供述和辩解，不同之处在于适用对象有所区别，要求作出陈述适用于涉嫌职务违法的被调查人，讯问适用于涉嫌贪污贿赂、失职渎职等职务犯罪的被调查人。

《监察法》第 20 条第 1 款规定："在调查过程中，对涉嫌职务违法的被调查人，监察机关可以要求其就涉嫌违法行为作出陈述，必要时向被调查人出具书面通知。"从该规定看，监察机关对于涉嫌职务违法的被调查人，一般可以直接面对面地要求被调查人就有关问题作出口头陈述和说明，必要时向被调查人出具书面通知。监察机关书面通知被调查人要求其作出陈述的，被调查人应当在限定期限内写出说明材料。

《监察法》第 20 条第 2 款规定："对涉嫌贪污贿赂、失职渎职等职务犯罪的被调查人，监察机关可以进行讯问，要求其如实供述涉嫌犯罪的情况。"讯问是调查人员为了获取涉嫌职务犯罪的被调查人的陈述、供述和辩解，依照法定程序通过言辞等方式进行提问并加以固定的一种调查措施。讯问措施不同于谈话措施，只有涉嫌贪污贿赂等职务犯罪，且在被监察机关立案之后，对被调查人才能进行讯问。讯问涉嫌职务犯罪的被调查人是监察机关非常重要的调查措施，通过讯问被调查人可以查明有无犯罪行为，查问犯罪的具体情节，证实犯罪事实，发现新的犯罪线索和新的犯罪嫌疑人。

根据《监察法》第41条的规定，调查人员采取讯问等调查措施，应当依照规定出示证件，出具书面通知，由二人以上进行，形成笔录、报告等书面材料，并由相关人员签名、盖章；调查人员进行讯问，应当对全过程进行录音录像，留存备查。这里规定讯问被调查人由二人以上进行，主要是考虑：①讯问工作的需要，有利于客观、真实获取和固定证据；②有利于互相配合、监督，防止个人徇私舞弊或发生刑讯逼供、诱供等非法讯问行为，同时也有利于防止一些被调查人诬告调查人员有人身侮辱、刑讯逼供等行为。讯问被调查人应当注意保障被调查人的合法权利，严禁使用刑讯逼供和以威胁、引诱、欺骗等非法手段获取被调查人的口供。此外，这里还规定讯问被调查人应当全程录音录像，即对讯问过程的录音或者录像应当符合两个要求：一是全程进行，应当对案件调查过程中的每一次讯问都要录音或者录像；二是保持完整，要完整、不间断地记录每一次讯问过程，不可作剪接、删改。全程、完整是录音录像制度发挥其作用的前提。

36. 监察机关在调查过程中应当如何采取询问证人等人员措施？

《监察法》第21条规定："在调查过程中，监察机关可以询问证人等人员。"所谓"询问"，是指调查人员依照法定程序以言词方式向证人或有关人员调查了解情况的一种行为。询问和讯问最本质的区别在于对象不同，询问针对的是证人或有关人员，讯问则针对的是立案后涉嫌职务犯罪的被调查人。

对于询问证人，《监察法》虽未作出具体规定，但参照《刑事诉讼法》的相关规定，监察机关询问证人时应该注意以下几个方面：询问证人，可以在现场进行，也可以到证人所在单位、住处或者证人提出的地点进行，在必要的时候，可以通知证人到监察机关提供证言；在现场询问证人，应当出示工作证件，到证人所在单位、住处或者证人提出的地点询问证人，应当出示监察机关的证明文件；询问证人应当个别进行；询问证人，应当告知他应当如实地提供证据、证言和有意作伪证或者隐匿罪证要负的法律责任。

询问证人地点的选择要根据具体办案需要灵活掌握：到证人所在单位或者住处询问，这样可以节省证人时间，不影响其正常的生活、工作，也有利于及时得到证人所在单位的支持，便于了解证人的情况，从而对证人证言作出分析判断；到证人提出的地点进行询问，有利于消除证人的种种顾虑，充分调动证人提供证言的积极性；通知证人到监察机关提供证言，有利于保证证人的安全，也可以避免证人单位、亲属或者其他人的干扰，有利于证人如实提供证言。

需要指出的是，不同于被采取留置措施的被调查人，证人和相关人员在接受询问前掌握的信息相对丰富，甚至存在着串供、作伪证的可能，因此从某种程度上讲，对证人和相关人员的询问更考验调查人员的谈话水平和掌握证据的扎实程度。这就需要调查人员在询问证人和相关人员之前，对他们的身份、性格、行为、动机等情况作出精准的分析，对可能出现的各种情况做好预案。

37. 监察机关在调查过程中采取留置措施应当符合什么条件?

《监察法》第 22 条规定了监察机关在调查过程中采取留置措施的适用条件。党的十九大报告指出：制定国家监察法，依法赋予监察委员会职责权限和调查手段，用留置取代"两规"措施。《监察法》明确了监察机关的职责权限和调查措施，用留置取代"两规"，并对留置的使用条件、审批程序、使用期限、被留置人员的合法权利等作了详尽而严格的规定，充分体现了用法治思维和法治方式惩治腐败。"两规"即 1994 年颁布实施的《中国共产党纪律检查机关案件检查工作条例》第 28 条所规定的，意指"要求有关人员在规定的时间、地点就案件所涉及的问题作出说明"，对严肃查处腐败分子、推动反腐败斗争向纵深发展发挥了重要作用。

《监察法》将留置明确为监察机关调查严重职务违法和职务犯罪的重要手段，用留置取代"两规"，并对留置的使用条件和审批程序等作出严格限制，进一步推动反腐败工作法治化，保障监察权的正确行使。《监察法》实质是反腐败国家立法，反腐败所针对的职务犯罪也与普通刑事犯罪不同，必须充分考虑反腐败、惩治职务犯罪的特殊性。这一点在《监察法》严格规定留置措施适用条件上得到了充分体现。

《监察法》第 22 条规定，被调查人涉嫌贪污贿赂、失职渎职等严重职务违法或者职务犯罪，监察机关已经掌握其部分违法犯罪事实及证据，仍有重要问题需要进一步调查，并有下列情形之一的，经监察机关依法审批，可以将其留置在特定场所：（一）涉及案情重大、复杂的；（二）可能逃跑、自杀的；（三）可能串供或者伪造、隐匿、毁灭证据的；（四）可能有其他妨碍调查行为的。同时明确，对涉嫌行贿犯罪或者共同职务犯罪的涉案人员，监察机关可以依照规定采取留置措施。留置场所的设置、管理和监督依照国家有关规定执行。

从这一规定看，留置措施的适用条件有三重严格限定：一是适用对象的限定，适用于涉嫌贪污贿赂、失职渎职等严重职务违法或者职务犯罪的被调查人，以及涉嫌行贿犯罪或者共同职务犯罪的涉案人员。二是案件调查阶段的限定，仅适用于监察机关已经掌握被调查人部分违法犯罪事实及证据，仍有重要问题需要进一步调查的阶段。三是特定情形的限定，除了同时具备前两个限定条件之外，还应同时满足法定情形之一：案情重大、复杂的，此时不采取留置措施可能难以使案件得到突破；可能会出现逃跑、自杀等极端行为的；可能会出现串供或者伪造、销毁、转移、隐匿证据的；可能有其他妨碍调查行为的，这是个兜底性条款。

需要指出的是，留置措施不只针对被调查人，也可以针对其他涉案人员。针对反腐败实践中当事人之间订立攻守同盟、互相串供、隐匿销毁证据、转移赃款赃物等突出问题，《监察法》明确规定，对涉嫌行贿犯罪或者共同职务犯罪的涉案人员，监察机关可以依照规定采取留置措施。这意味着对于行贿人等其他涉案人员，监察机关也可以依照规定采取留置措施。及时控制其他涉案人员，不仅能有效防止被调查人和其他涉案人员串通对抗调查，也有利于防止其他涉案人员逃跑藏匿阻碍调查。

鉴于留置措施涉及被调查人和其他涉案人员的人身自由这一重大利益，《监察法》不仅在第22条规定了严格的适用条件，还在第五章"监察程序"、第七章"对监察机关和监察人员的监督"、第八章"法律责任"中规定了严格的审批程序、严格的适用期限以及当事人合法权益的保障，确保在规范适用程序、保障当事人合法权益的前提下充分发挥留置措施在反腐败、惩治职务犯罪方面的"杀手锏"作用。

38. 监察机关在调查过程中应当如何采取查询、冻结涉案财产措施?

《监察法》第 23 条规定了监察机关在调查过程中采取查询、冻结涉案财产措施的要求。查询涉案单位和个人的存款、汇款、债券、股票、基金份额等财产,是监察机关获取线索、证实犯罪、追缴赃款的重要手段,通过查询,获取更多客观证据,不仅有利于找准案件突破口,也有利于进一步查明事实、搜集证据。冻结可以防止当事人转移、抽逃涉案财产,有利于迅速固定证据,推进办案工作。尤其是在涉案财产金额较大、来源复杂、行贿手段隐蔽、被调查人逃避甚至对抗组织调查的情况下,适时运用冻结措施显得尤为必要。

《监察法》第 23 条第 1 款规定:"监察机关调查涉嫌贪污贿赂、失职渎职等严重职务违法或者职务犯罪,根据工作需要,可以依照规定查询、冻结涉案单位和个人的存款、汇款、债券、股票、基金份额等财产。有关单位和个人应当配合。"根据这一规定,查询、冻结涉案单位和个人的财产范围既包括存款、汇款,也包括债券、股票、基金份额以及其他形式的财产。由于查询、冻结涉案单位和个人的财产涉及公民个人隐私,涉及企业的正常经营,为防止滥用查询、冻结权力,《监察法》明确规定,只有监察机关为了调查严重职务违法或者职务犯罪的工作需要,依照规定才能进行查询、冻结涉案财产。

"依照规定"是指依照有关法律、司法解释以及有关部门的相关规定。所谓"工作需要"包含两方面意思：①所要查询、冻结的存款、汇款、债券、股票、基金份额等财产必须与被调查人及其涉嫌的违法犯罪有关，通常表现为被调查人的违法犯罪所得，或者用于被调查人所涉嫌的违法犯罪行为。通过查询这些财产的情况，可以查明案情，查清被调查人有无违法犯罪或者违法犯罪轻重的事实。②调查人员在调查工作中发现有必要查询、冻结涉案单位和个人的财产，以保全证据，防止赃款转移，挽回和减少损失。

查询、冻结涉案财产是监察机关调查和打击贪污贿赂、失职渎职等职务违法犯罪的重要有效手段。因此，《监察法》规定有关单位和个人有配合监察机关依法采取查询、冻结措施的义务。这里的配合义务主要是指有关单位和个人应当为查询、冻结工作提供方便和协助，履行查询、冻结手续，不得阻挠查询、冻结工作的开展。

《监察法》第 23 条第 2 款规定了冻结财产措施的解除："冻结的财产经查明与案件无关的，应当在查明后三日内解除冻结，予以退还。"冻结涉案单位和个人财产的目的是为了查明违法犯罪、证实违法犯罪，及时、准确地惩罚违法犯罪。在惩罚违法犯罪的同时，也要切实保障公民和有关组织的合法权益，防止冻结财产措施的滥用。因此，本款明确地规定了在查明确实与案件无关后，应当在查明后三日内解除冻结，并退还冻结的财产。其中"查明与案件无关"是指经过调查，询问证人，讯问被调查人，调查核实证据，认定冻结的存款、汇款、债券、股票、基金份额等财产并非违法犯罪所得，也不具有证明被调查人是否违法犯罪、违法犯罪轻重的作用，不能作为证据使用，与违法犯罪行为无任何牵连。需要指出的是，这一规定说明冻结财产后，必须及时调查核实，弄清被冻结财产与案件及被调查人的关系，不能冻而不查。"查明后三日内解除冻结，予以退还"是指自确定该冻结财产与违法犯罪行为无关之日起三日以内应当解除冻结。这里规定的"予以退还"是指将被冻结的财产交还该财产的合法权利人。及时退还与违法犯罪行为无关的冻结财产，是维护公民和有关组织合法权益的必然要求，不得以任何借口拖延解冻。

39. 监察机关在调查过程中应当如何采取搜查措施?

《监察法》第 24 条规定了监察机关在调查过程中采取搜查措施的要求。根据本条第 1 款规定，监察机关可以对涉嫌职务犯罪的被调查人以及可能隐藏被调查人或者犯罪证据的人的身体、物品、住处和其他有关的地方进行搜查，从这一表述可以看出搜查的目的就是收集犯罪证据、查获犯罪人。对于涉嫌职务犯罪的搜查，本条规定由监察机关进行。搜查的范围主要包括三个方面：①涉嫌职务犯罪的被调查人的身体、物品和住处；②可能隐藏被调查人或者犯罪证据的人的身体、物品、住处，即可能窝藏被调查人或者窝藏罪证的人身、物品和住处；③其他有关的地方，是指其他被调查人可能藏身或者隐匿犯罪证据的地方。总之，这些地方必须是与所调查的案件有关。

《监察法》第 24 条第 1 款规定，在搜查时，应当出示搜查证，并有被搜查人或者其家属等见证人在场。这要求在搜查时，应该满足两个条件：一是进行搜查必须向被搜查单位或个人出示搜查证。搜查证一般应当写明被搜查人的姓名、性别、职业、住址、搜查的处所、搜查的目的、搜查机关、执行人员以及搜查日期等内容。持证搜查是法律设定的严格程序，对于违反本条规定违法进行搜查的，公民有权制止。二是搜查时应当有被搜查人或者其家属等见证人在场。搜查的时候有见证人在场，一方面有利于证实搜查情况，增强搜查所取得的证据的真实性、可靠性和合法性；另一方面也便于群众监督，有利于调查人员严格依法进行搜查，防止侵犯当事人合法权利，同时也可以防止一些被搜查人诬告搜查人员违法搜查，从而保证调查活动的顺利进行。

《监察法》第 24 条第 2 款规定："搜查女性身体，应当由女性工作人员进行。"这是关于搜查女性身体的特殊规定，这样规定是对女性的特殊保护，防止在搜查时出现人身侮辱等违法行为，以确保被搜查女性的人格尊严和人身安全不受侵犯。同时，这样规定也可以防止被搜查人诬告陷害调查人员，保证调查活动的顺利进行。

此外，《监察法》第 24 条第 3 款规定："监察机关进行搜查时，可以根据工作需要提请公安机关配合。公安机关应当依法予以协助。"除了监察机关和应监察机关请求配合的公安机关外，其他任何单位和个人都无权进行涉嫌职务犯罪的搜查。调查人员执行搜查任务时，必须严格依法进行，不得滥用搜查权，确保公民的合法权利不受侵犯。根据《监察法》第 41 条第 2 款的规定，调查人员进行搜查等重要取证工作，应当对全过程进行录音录像，留存备查。

40. 监察机关在调查过程中应当如何采取调取、查封、扣押措施？

《监察法》第 25 条规定了监察机关在调查过程中采取调取、查封、扣押措施的要求。调取、查封、扣押，是监察机关向有关单位和个人收集证据的调查措施。调取的证据多为书证、物证和视听资料，根据需要可以拍照、录像、复印和复制，实践中以调取书证最为常见。调取有很强的针对性，监察机关向有关单位和个人直接取得证据，能够快速了解案件情况，掌握关键的书证物证。查封是调查机关对与案件有关的财物就地或者异地封存。扣押是指调查机关对与案件有关的财物、文件进行扣留、提存或者保管。

《监察法》第 25 条第 1 款规定："监察机关在调查过程中，可以调取、查封、扣押用以证明被调查人涉嫌违法犯罪的财物、文件和电子数据等信息。采取调取、查封、扣押措施，应当收集原物原件，会同持有人或者保管人、见证人，当面逐一拍照、登记、编号，开列清单，由在场人员当场核对、签名，并将清单副本交财物、文件的持有人或者保管人。"

这一方面规定了监察机关可以调取、查封、扣押的范围，即在调查活动中发现的可用以证明被调查人涉嫌违法犯罪的财物、文件和电子数据等信息，其他任何与案件无关的财物、文件和电子数据等信息都不得调取、查封、扣押，不得随意扩大调取、查封、扣押的范围。与案件无关的财物、文件和电子数据等信息，不能作为证据使用，因此不得调取、查封、扣押，否则，就是对公民和有关组织合法权益的侵犯。如果监察机关及其工作人员存在查封、扣押、冻结与案件无关的财物行为，根据《监察法》第60条的规定，被调查人及其近亲属有权向该机关申诉。"证明被调查人涉嫌违法犯罪的财物、文件和电子数据等信息。"是指能够证明被调查人有无违法犯罪、违法犯罪轻重的书证、物证、视听资料和电子数据等证据。其中，"财物"是指可作为证据使用的财产和物品，包括动产和不动产，如房屋、汽车、货币等。

另一方面还规定了调取、查封、扣押的具体程序和步骤。首先，收集查点原物原件。监察机关调查人员应当会同在场见证人和被调取、查封、扣押财物、文件和电子数据等信息的持有人或者保管人对调取、查封、扣押的财物、文件和电子数据等信息查点清楚。其次，开列清单。在收集原物原件的基础上，应当当面逐一拍照、登记、编号，开列清单。在清单上写明调取、查封、扣押财物、文件和电子数据等信息的名称、规格、特征、质量、数量、编号，以及财物、文件和电子数据信息等发现的地点，调取、查封、扣押的时间等。再次，核对、签名。清单应由调查人员、持有人或者保管人以及在场见证人当场核对、签名。最后，留存。调取、查封、扣押的清单副本交财物、文件和电子数据等信息的持有人或者保管人，清单原件由监察机关附卷备查。当场开列的清单，不得涂改，凡是必须更正的，须有调查人员、持有人或者保管人以及在场见证人共同核对、签名，或者重新开列清单。

《监察法》第25条第3款规定了查封、扣押的解除："查封、扣押的财物、文件经查明与案件无关的，应当在查明后三日内解除查封、扣押，予以退还。"查封、扣押被调查人财物、文件的目的是为了查明违法犯罪、证实违法犯罪，及时、准确地惩罚违法犯罪，以维护国家、集体和公民的合法权益。在惩罚违法犯罪的同时，也要切实保障公民和有关组织的合法权益，防止查封、扣押措施的滥用。因此，本款明确地规定了在查明确实与案件无关后，应当在三日内解除查封、扣押，并退还查封、扣押的财物、文件。其中"查明与案件无关的"是指经过调查，询问证人，讯问被调查人，调查核实证据，并对查封、扣押的财物、文件进行认真分析，认定该查封、扣押的财物、文件等并非违法所涉，也不具有证明被调查人是否犯罪、罪轻、罪重的作用，不能作为证据使用，与犯罪行为无任何牵连。需要指出的是，这一规定说明查封、扣押的财物、文件后，必须及时调查核实，弄清被查封、扣押财物、文件与案件及被调查人的关系，不能扣而不查。"查明后三日内解除查封、扣押，予以退还"是指自确定该查封、扣押的财物、文件与犯罪行为无关之日起三日以内应当解除查封、扣押。这里规定的"予以退还"是指将被查封、扣押的财物、文件交还包括被调查人在内的财物、文件所有人。及时退还与违法犯罪行为无关的查封、扣押财物、文件，有利于保障公民的合法权益，减少公民的损失，不得以任何借口留置或者拖延退还。

41. 监察机关应当如何保管调取、查封、扣押的财物和文件?

《监察法》第 25 条第 2 款规定了监察机关保管调取、查封、扣押的财物和文件的要求:"对调取、查封、扣押的财物、文件,监察机关应当设立专用账户、专门场所,确定专门人员妥善保管,严格履行交接、调取手续,定期对账核实,不得毁损或者用于其他目的。对价值不明物品应当及时鉴定,专门封存保管。"

根据这一规定,对调取、查封、扣押的财物、文件,监察机关应当设立专用账户、专门场所,确定专门人员妥善保管。"妥善保管"一方面从物理环境上要求将调取、查封、扣押的财物、文件放置于安全设施较完备的专门场所保管;另一方面从管理制度上要求确定专门保管人员严格履行交接、调取手续,定期对账核实,从而切实防止证据遗失、损毁或者被用于其他目的。此外,对于价值不明物品,该款规定应当及时鉴定,专门封存保管。封存应当贴有含监察机关印章的封条,以备核查。任何单位和个人都不得以任何借口使用、调换被调取、查封、扣押的财物、文件,也不得将其损毁或者自行处理,要保证被调取、查封、扣押的财物、文件完好无损。

42. 监察机关在调查过程中应当如何采取勘验检查措施?

《监察法》第26条规定了监察机关在调查过程中采取勘验检查措施的要求。所谓勘验检查,指的是监察机关运用科学技术手段,对与职务违法、职务犯罪有关的场所、物品、人身等亲临查看、了解、检验与检查,以发现固定违法犯罪活动所遗留下来的各种痕迹和物品。《监察法》第26条规定:"监察机关在调查过程中,可以直接或者指派、聘请具有专门知识、资格的人员在调查人员主持下进行勘验检查。勘验检查情况应当制作笔录,由参加勘验检查的人员和见证人签名或者盖章。"该规定包括两方面的内容:

第一,勘验检查的主体既可以是监察机关的调查人员,也可以是监察机关指派、聘请的具有专门知识、资格的人员。勘验检查的范围主要是与犯罪有关的场所、物品、人身等,主要包括犯罪现场勘验、与犯罪有关的物证书证检验、人身检查等。"现场勘验"是指勘验人员对案发现场及其他留有犯罪物品、痕迹的场所进行的专门调查。"物证、书证检验"是指对调查中获得的物品或痕迹进行检查、验证。"人身检查"是指对被调查人的人身进行检查,目的是查清与违法犯罪行为有关的生理特征或人体被伤害的情况等。对于这些勘验检查,有些可以直接由监察机关的调查人员进行，但有些勘验检查的技术性、专业性较强，在必要的时候，监察机关可以指派或者聘请具有专门知识、资格的人员在调查人员的主持下进行勘验检查，以准确科学地查明案件情况。

第二，勘验检查的情况应当写成笔录，由参加勘验检查的人员和见证人签名或者盖章。进行勘验检查应当写成笔录，即调查人员和其他参加人员应当将其参与勘验检查的情况，写成勘验检查笔录。"勘验检查情况"包括勘验检查的时间、地点、对象、目的、经过和结果等。勘验检查笔录应当针对各种勘验检查项目的具体要求，记清上述问题。采取现场勘验、物证书证检验、人身检查等措施都应制作笔录，写明勘验检查的过程和结果。勘验检查笔录由参加勘验检查的人员和见证人签名或盖章。这样规定，一是为使该证据具有证明力，标明笔录的出处有利于该证据的后续核实，没有签名、盖章的勘验检查笔录不具有证明作用；二是加强对勘验检查活动的监督，防止弄虚作假，以保证案件的正确处理。本条规定的"见证人"可以是被调查人的家属，也可以是其他经监察机关允许的公民。

43. 监察机关在调查过程中应当如何采取鉴定措施？

《监察法》第 27 条规定了监察机关在调查过程中采取鉴定措施的要求。《监察法》第 25 条第 2 款还特别规定，监察机关应当对调取、查封、扣押的财物中价值不明物进行及时鉴定，专门封存保管。鉴定是指为了查明案情，解决案件中某些专门性问题，由调查部门就案件中的专门性问题提请专业机构和专业人员进行科学鉴别和判断的一种调查措施。鉴定是一项运用范围较广的措施，常用的专业技术鉴定内容一般包括物证类鉴定、声像资料鉴定、电子证据鉴定、会计鉴定以及其他鉴定等。

《监察法》第27条规定："监察机关在调查过程中，对于案件中的专门性问题，可以指派、聘请有专门知识的人进行鉴定。鉴定人进行鉴定后，应当出具鉴定意见，并且签名。"该规定主要包括以下几个方面的内容：

第一，监察机关采取鉴定措施的目的是解决案件中专门性问题。在案件调查中，往往会遇到一些专门性问题，比如物证甄别、声像资料判断、电子证据查验、会计问题等，只有解决这些问题，才能比较准确地查明案情。解决这些问题必须运用专门的技术、知识和经验才能作科学、准确的判断。鉴定人只能就案件中的专门性问题作出结论，不能就法律适用问题作出结论。

第二，鉴定主体是监察机关指派、聘请的具有专门知识的人，称为鉴定人。"专门知识"是指某一专门研究领域的理论和实践经验，如法医学、弹道学、指纹学等。根据2005年10月1日起施行的《全国人民代表大会常务委员会关于司法鉴定管理问题的决定》第4条规定，鉴定人需要具备下列条件之一："（一）具有与所申请从事的司法鉴定业务相关的高级专业技术职称；（二）具有与所申请从事的司法鉴定业务相关的专业执业资格或者高等院校相关专业本科以上学历，从事相关工作五年以上；（三）具有与所申请从事的司法鉴定业务相关工作十年以上经历，具有较强的专业技能。因故意犯罪或者职务过失犯罪受过刑事处罚的，受过开除公职处分的，以及被撤销鉴定人登记的人员，不得从事司法鉴定业务。"

第三，鉴定人由监察机关指派或者聘请。目前，我国各级侦查机关一般都设立了从事有关鉴定业务的鉴定机构并配备了鉴定人员。根据《全国人民代表大会常务委员会关于司法鉴定管理问题的决定》第3条规定，"国务院司法行政部门主管全国鉴定人和鉴定机构的登记管理工作。省级人民政府司法行政部门依照本决定的规定，负责对鉴定人和鉴定机构的登记、名册编制和公告。"经司法行政部门依法登记的鉴定机构和鉴定人，也属于就案件专门性问题进行鉴定的人员。监察机关既可以指派侦查机关的刑事侦查技术人员或其他专职人员担任鉴定人，也可以聘请侦查机关以外的具有专门知识的人担任鉴定人，鉴定人应当与案件无利害关系。

第四，鉴定人进行鉴定后，应当写出鉴定意见，并且签名。进行鉴定是为了获取证据，查明案件情况，因此，鉴定人应运用专门的技术、知识和经验，对办案人员不能解决的问题进行科学、准确判断后提出鉴定意见。鉴定意见是刑事诉讼证据之一，经审查核实后，即可作为定案依据。形成的鉴定意见应当由鉴定人签名，以确定相应的责任。鉴定人只能是公民个人，而不能是单位，有多名鉴定人的，应当分别签名。在有多名鉴定人的情形，若意见一致应当写出共同的鉴定意见；若意见不一致，可以分别提出不同的鉴定意见。根据我国相关法律规定，鉴定人故意作虚假鉴定的，应当承担法律责任，构成伪证罪、受贿罪等犯罪的，依法追究刑事责任；尚不够刑事处罚的，依法予以行政处分等。

44. 监察机关在调查过程中采取技术调查措施应当符合什么条件？

《监察法》第 28 条第 1 款规定了监察机关采取技术调查措施的案件范围和适用条件。随着经济社会的发展和科学技术的进步，犯罪手段和犯罪方式也不断变化和发展，为了切实有效打击犯罪行为，需要赋予国家机关必要的技术调查措施，在刑事案件中采用必要的技术调查措施已被世界各国普遍认可。但采取技术调查措施，一般具有相当的隐蔽性和侵害性，如果没有必要的限制和约束，很有可能会侵害公民的合法权益，因此需要在法律中明确规定采取技术调查措施的适用条件和操作程序，以避免技术调查措施的滥用。《监察法》第 28 条第 1 款规定："监察机关调查涉嫌重大贪污贿赂等职务犯罪，根据需要，经过严格的批准手续，可以采取技术调查措施，按照规定交有关机关执行。"该规定主要包括以下几个方面的内容：

第一，监察机关可以采取技术调查措施的案件范围，限于监察机关调查涉嫌重大贪污贿赂等职务犯罪案件，其中"重大贪污贿赂犯罪案件"是指《刑法》分则第八章规定的贪污贿赂犯罪以及其他明确规定依照第八章相关条文定罪处罚的重大犯罪案件。"重大"一般是指数额巨大、造成的损失严重、社会影响恶劣等。

第二，采取技术调查措施必须基于调查工作的需要，"根据需要"在这里是指使用其他调查手段难以达到调查目的或者存在重大风险，因而有必要采用相应的技术调查措施。

第三，要经过严格的批准手续。"严格的批准手续"是指有关部门依法制定采取技术调查措施的审批程序，即对各种技术调查措施在什么情况下、什么范围内、经过什么样的程序批准才能使用应有严格和明确的规定，使监察机关及其工作人员在工作中有所遵循，防止滥用。

第四，监察机关采取技术调查措施，需要按照规定交有关机关执行。监察机关自身不能实施技术调查措施。"有关机关"是指按照法律规定有权实施技术调查措施的机关，主要包括公安机关、国家安全机关以及其他机关等。

45. 监察机关采取技术调查措施的审批程序和期限要求是怎样的？

《监察法》第 28 条第 2 款规定了监察机关采取技术调查措施的审批和期限要求。该款规定："批准决定应当明确采取技术调查措施的种类和适用对象，自签发之日起三个月以内有效；对于复杂、疑难案件，期限届满仍有必要继续采取技术调查措施的，经过批准，有效期可以延长，每次不得超过三个月。对于不需要继续采取技术调查措施的，应当及时解除。"该规定主要包括以下几个方面的内容：

第一，批准决定应当明确采取技术调查措施的种类和适用对象。根据这一要求，批准决定采取技术调查措施时，应根据调查犯罪的需要，明确采取技术调查措施的具体类型以及具体对象，而不是只笼统地批准可以采取技术调查措施，不是不加区分地批准采取所有的技术调查手段。明确采取技术调查措施的种类，是指要明确采用通信监控、电子定位、秘密拍照或录像等具体调查措施。明确采取技术调查措施的适用对象，是指要明确具体对象的姓名、性别、年龄等信息以特定到具体的个人。

第二，采取技术调查措施的期限为三个月，自批准决定签发之日起算。对于复杂、疑难案件期满后，没有实现调查目的，但仍有必要继续采取技术调查措施的，经过批准，可以延长调查期，但每次延长不得超过三个月。需要指出的是，"经过批准"是指报经原来批准决定的机关批准。

第三，对于不需要继续采取技术调查措施的，应当及时解除。虽然采取技术调查措施的批准决定是三个月内有效，但在三个月有效期内，执行机关应尽可能缩短采取技术调查措施的期间，如果不需要继续采取技术调查措施的，执行机关应当及时解除技术调查措施。如此规定有利于避免技术调查措施滥用而充分保护公民和有关组织的合法权益。所谓的"不需要继续采取技术调查措施"主要包括以下情形：①调查目的已经达到，如证据已经收集充分、被调查人已经到案，没有必要再继续采用该措施。②调查目的虽然没有达到，但采用其他常规调查手段也能达到预期目的，没有必要再继续采用该措施。③案件已经撤销，没有继续调查的必要。

46. 依法应当留置的被调查人在逃的，应当如何进行通缉？

通缉是一种抓捕在逃犯罪嫌疑人的特殊方式，通缉以发布通缉令的形式进行。《监察法》第29条规定："依法应当留置的被调查人如果在逃，监察机关可以决定在本行政区域内通缉，由公安机关发布通缉令，追捕归案。通缉范围超出本行政区域的，应当报请有权决定的上级监察机关决定。"这规定了监察机关在监察活动中采用通缉措施的适用对象、适用条件和具体程序。通缉对象必须是应当留置而在逃的被调查人。这里既包括符合本法规定的留置条件应当依法留置而下落不明的被调查人，也包括已经依法执行留置，留置期间又逃跑的被调查人。通缉被调查人必须同时具备三个条件：被通缉的人必须是被调查人；该被调查人符合留置条件；该被调查人确实因逃避法律责任而下落不明。

对符合上述条件的被调查人，应遵循以下程序予以通缉：首先监察机关决定对被调查人在本行政区域内通缉，其次由公安机关发布通缉令并采取有效措施予以追捕。"通缉令"是指公安机关依法发布的缉捕在逃犯罪嫌疑人的书面命令。通缉令一般应当写明被通缉人的姓名、性别、年龄、籍贯及衣着、语音、体貌等特征和所犯罪名等，并且附照片，加盖发布机关的公章。缉捕归案后，发布通缉令的公安机关应当通知撤销通缉令。需要注意的是，根据《刑事诉讼法》第153条的规定，只有公安机关有权发布通缉令，其他机关无权发布。《监察法》遵循了这一规定，监察机关只是有权决定通缉，监察机关办理案件中需要通缉被调查人的，应当通过公安机关进行。通缉令发布后又发现新情况的，可以补发通报。实践中，对不知真实姓名和住址，只知其外貌特征、作案手段、携带赃款赃物等情况的，可以采用通报的方式调查缉捕。

对于通缉范围超出本行政区域的，《监察法》规定办理案件的监察机关应当报请有权决定的上级监察机关决定。根据这一规定，监察机关在自己所属行政区域内可以直接决定通缉，然后通过同一行政区域的公安机关发布通缉令；如果通缉范围超出自己所属行政区域，监察机关应当报请有权决定的上级监察机关决定，然后通过相应的上级公安机关发布通缉令。各级公安机关接到通缉令后，应当及时部署、组织力量，积极进行调查缉捕工作，其他一切国家机关、企业事业单位和公民应当积极协助公安机关查获被通缉人，发现被通缉人或其他线索，应当及时将情况报告给公安机关，或者直接将犯罪嫌疑人扭送公安机关。

47. 为防止被调查人及相关人员逃匿境外，应当如何对其采取限制出境措施？

为了有效防止被调查人及相关人员逃匿境外、逃避法律的制裁，加大对腐败分子的威慑力度，《监察法》规定了监察机关经省级以上监察机关批准，可以对被调查人及相关人员采取限制出境措施。《监察法》第30条规定："监察机关为防止被调查人及相关人员逃匿境外，经省级以上监察机关批准，可以对被调查人及相关人员采取限制出境措施，由公安机关依法执行。对于不需要继续采取限制出境措施的，应当及时解除。"《中华人民共和国出境入境管理法》（以下简称《出境入境管理法》）第12条规定的中国公民"不准出境"情形包括"被判处刑罚尚未执行完毕或者属于刑事案件被告人、犯罪嫌疑人的"情形。《最高人民法院关于适用〈中华人民共和国刑事诉讼法〉的解释》第404条规定："对涉外刑事案件的被告人，可以决定限制出境；对开庭审理案件时必须到庭的证人，可以要求暂缓出境。"出于有效打击腐败犯罪的考虑，《监察法》将采取限制出境措施对象的范围扩大为"被调查人及相关人员"。

《监察法》规定，采取限制出境措施的审批权由省级以上监察机关行使。如此规定，可以确保限制出境措施不被滥用，有利于维护被调查人及相关人员的合法权益，也和目前我国限制公民出境审批权限的规定基本保持一致。最高人民法院、最高人民检察院、公安部、国家安全部印发的《关于依法限制外国人和中国公民出境问题的若干规定》明确规定："公安机关和国家安全机关认定的犯罪嫌疑人或有其他违反法律的行为尚未处理并需要追究法律责任的，其限制出境的决定需经省、自治区、直辖市公安厅、局或国家安全厅、局批准。"

对被调查人及相关人员采取限制出境措施，《监察法》规定由公安机关依法执行。反腐败工作各环节必须既相互衔接又相互制衡，监察机关不是司法执法机关，规定限制出境措施在经过省级以上监察机关严格审批后交公安机关执行，有利于监察机关与司法执法机关形成相互衔接、配合协作的工作机制。根据《关于依法限制外国人和中国公民出境问题的若干规定》，公安机关限制被调查人及相关人员出境时，可以采取以下办法：①向当事人口头通知或书面通知，在其案件（或问题）了结之前，不得离境；②根据案件性质及当事人的具体情况，分别采取监视居住或取保候审的办法，或令其提供财产担保或交付一定数量保证金后准予出境；③扣留当事人护照或其他有效出入境证件。但应在护照或其他出入境证件有效期内处理了结，同时发给当事人扣留证件的证明。

对于不需要继续采取限制出境措施的，《监察法》规定应当及时解除。监察机关应当及时将解除决定通知负责执行的公安机关。根据《中华人民共和国出境入境管理法》第65条规定，"对依法决定不准出境或者不准入境的人员，决定机关应当按照规定及时通知出入境边防检查机关；不准出境、入境情形消失的，决定机关应当及时撤销不准出境、入境决定，并通知出入境边防检查机关。"

48. 对于涉嫌职务犯罪的被调查人，监察机关在何种条件下可以向人民检察院提出从宽处罚的建议？

《监察法》第31条规定："涉嫌职务犯罪的被调查人主动认罪认罚，有下列情形之一的，监察机关经领导人员集体研究，并报上一级监察机关批准，可以在移送人民检察院时提出从宽处罚的建议：（一）自动投案，真诚悔罪悔过的；（二）积极配合调查工作，如实供述监察机关还未掌握的违法犯罪行为的；（三）积极退赃，减少损失的；（四）具有重大立功表现或者案件涉及国家重大利益等情形的。"根据这一规定，对于涉嫌职务犯罪的被调查人，其主动认罪认罚，并具有法定情形的，监察机关可以向人民检察院提出从宽处罚的建议。

被调查人主动认罪认罚的情形主要包括以下四种：

第一，自动投案，真诚悔罪悔过的。所谓"自动投案"，是指犯罪分子犯罪以后，犯罪事实未被监察机关、司法机关发现以前；或者犯罪事实虽被发现，但不知何人所为；或者犯罪事实和犯罪分子均已被发现，但是尚未受到监察机关、司法机关的传唤、讯问；或者尚未采取调查措施之前，主动到监察机关、司法机关或者所在单位、基层组织等投案，接受调查和追诉的。实践中，犯罪分子犯罪后逃到异地，又向异地的监察机关、司法机关投案的，以及犯罪分子因患病、身受重伤，委托他人先行代为投案的，都属于自动投案。此外，罪行尚未被有关部门发觉，仅因形迹可疑被盘问、教育后，主动交代自己罪行的，也应当视为自动投案，但在其身上、随身携带的物品、驾乘的交通工具等处发现与其犯罪有关的物品的，不认定为自动投案。有的犯罪嫌疑人在投案途中被捕获，只要查证属实的，也属于投案。有的犯罪嫌疑人投案并非完全出于自己主动，而是经亲友劝告，由亲友送去投案，对于这些情形也应认定为投案。自动投案的实质是犯罪分子自愿把自己交给监察机关、司法机关处理，因此，有的犯罪分子投案后又逃跑的，不能认定为自动投案。

第二，积极配合调查工作，如实供述监察机关还未掌握的违法犯罪行为的。所谓"监察机关还未掌握的违法犯罪行为"，是指监察机关根本不知道、还未掌握被调查人的其他违法犯罪行为，是监察机关正在追查或已经追究的行为人所犯罪行以外的其他违法犯罪行为。例如，监察机关正在对被调查人的贪污行为进行调查，该被调查人又如实交代了监察机关未掌握的受贿罪行。对于共同犯罪来说，如果供述监察机关未掌握的他人的犯罪，不属于这种情况，但是如果这种行为符合立功的条件，应当按照《监察法》关于立功的规定处理。所谓"如实供述"，是指被调查人必须如实地向监察机关供述，不能有隐瞒。至于有些细节或者情节，被调查人记不清楚或者确实无法说清楚的，不能认为是隐瞒。只要基本的犯罪事实和主要情节说清楚，就应当认为属于如实供述。如果被调查人避重就轻或者供述一部分，还保留一部分，企图蒙混过关，就不能认为是如实供述。对于共同犯罪中的被调查人不仅应供述自己的犯罪行为，还应供述其他共犯的共同犯罪事实。实践中，被调查人如实供述自己的罪行后又翻供的，不能认定为认罪认罚。

第三，积极退赃，减少损失的。贪污案件中赃款赃物全部或者大部分追缴的，一般应当考虑从轻处罚。受贿案件中赃款赃物全部或者大部分追缴的，视具体情况可以酌定从轻处罚。被调查人及其亲友主动退赃或者在办案机关追缴赃款赃物过程中积极配合的，在量刑时应当与办案机关查办案件过程中依职权追缴赃款赃物的有所区别。职务犯罪案件立案后，被调查人及其亲友自行挽回的经济损失，监察机关、司法机关或者被调查人所在单位及其上级主管部门挽回的经济损失，或者因客观原因减少的经济损失，不予扣减，但可以作为酌情从轻处罚的情节。

第四，具有重大立功表现或者案件涉及国家重大利益等情形的。所谓"重大立功表现"，是相对于一般立功表现而言的，主要是指犯罪分子检举、揭发他人的重大犯罪行为，如揭发了一个犯罪集团或犯罪团伙，或者因其提供了犯罪的重要线索，才使一个重大犯罪案件得以破获；阻止他人重大犯罪活动；协助监察机关抓捕其他重大犯罪分子（包括同案犯）；对国家和社会有其他重大贡献等。一般而言，被调查人检举、揭发的他人犯罪，提供破获其他案件的重要线索，阻止他人的犯罪活动，或者协助监察机关抓捕的其他犯罪嫌疑人、被告人依法可能被判处无期徒刑以上刑罚或者案件在本省（自治区、直辖市）或者全国范围内有较大影响的，应当认定为有重大立功表现。

以上四种情形属于选择关系，只要涉嫌职务犯罪的被调查人具备其中之一，监察机关经领导人员集体研究，并报上一级监察机关批准，就可以在移送人民检察院时提出从宽处罚的建议。当然，法律规定的是"可以"，而不是"应当"，对于符合条件的被调查人，应当根据犯罪的事实、性质、情节和对于社会的危害程度，结合自动投案的动机、阶段、客观环境，交代犯罪事实的完整性、稳定性以及悔罪悔过表现等具体情节，依法决定是否从轻、减轻或者免除处罚以及从轻、减轻处罚的幅度。

49. 对于职务违法犯罪的涉案人员，监察机关在何种条件下可以向人民检察院提出从宽处罚的建议？

《监察法》第 32 条规定："职务违法犯罪的涉案人员揭发有关被调查人职务违法犯罪行为，查证属实的，或者提供重要线索，有助于调查其他案件的，监察机关经领导人员集体研究，并报上一级监察机关批准，可以在移送人民检察院时提出从宽处罚的建议。"根据这一规定，对于职务违法犯罪的涉案人员，监察机关在其有立功表现的前提下，可以向人民检察院提出从宽处罚的建议。本条规定主要针对职务违法犯罪的涉案人员。所谓"涉案人员"，是指案件调查中涉及的其他人员，包括涉嫌行贿犯罪或者共同职务犯罪的涉案人员。涉案人员的立功表现主要包括以下两种情形：

第一，揭发有关被调查人职务违法犯罪行为，查证属实的。所谓"揭发有关被调查人职务违法犯罪行为"，是指涉案人员归案以后，主动揭发有关被调查人的职务违法犯罪行为，包括共同犯罪案件中的犯罪分子揭发同案犯共同犯罪以外的其他犯罪，这是立功的一种主要表现形式。所谓"查证属实"，是指必须经过监察机关查证以后，证明涉案人员揭发的情况确实属实。如果经过查证，涉案人员揭发的情况，不属实或者不属于职务违法犯罪行为，那么也不算是涉案人员有立功表现。

第二，提供重要线索，有助于调查其他案件的。这是立功表现的另一种表现形式。所谓"提供重要线索"，是指涉案人员向监察机关提供未被监察机关掌握的重要违法犯罪线索，如证明职务违法犯罪行为的重要事实或提供有关证人等。这种线索必须是涉案人员自身掌握的，是实事求是的，不能是编造的线索。所谓"有利于调查其他案件"，是指有利于监察机关根据涉案人员提供的线索，调查违法犯罪事实，破获案件。

以上两种情形属于选择关系，只要职务违法犯罪的涉案人员具备其中之一，监察机关经领导人员集体研究，并报上一级监察机关批准，就可以在移送人民检察院时提出从宽处罚的建议。当然，法律规定的是"可以"，而不是"应当"，对于符合条件的涉案人员，应当根据犯罪的事实、性质、情节和对于社会的危害程度，结合立功表现所起作用的大小、所调查其他案件的罪行轻重以及立功的时机等具体情节，依法决定是否从轻、减轻或者免除处罚以及从轻、减轻处罚的幅度。

实务中，在立功的认定和处理方面应当注意以下几点：

第一，立功必须是涉案人员本人实施的行为。为使涉案人员得到从轻处理，涉案人员的亲友直接向有关机关揭发有关被调查人职务违法犯罪行为，提供有助于调查其他案件的重要线索的，不应当认定为涉案人员的立功表现。

第二，据以立功的有关被调查人罪行材料应当指明具体违法犯罪事实；据以立功的线索对于调查案件有实际作用。涉案人员揭发有关被调查人违法犯罪行为时没有指明具体违法犯罪事实的；揭发的违法犯罪事实与查实的违法犯罪事实不具有关联性的；提供的线索对于其他案件的调查不具有实际作用的，不能认定为立功表现。

第三，据以立功的线索、材料来源有下列情形之一的，不能认定为立功：本人通过非法手段或者非法途径获取的；本人因原担任的查禁犯罪等职务获取的；他人违反监管规定向涉案人员提供的；负有查禁犯罪活动职责的国家机关工作人员或者其他国家工作人员利用职务便利提供的。

50. 监察机关收集的哪些证据材料在刑事诉讼中可以作为证据使用？

《监察法》第 33 条第 1 款规定："监察机关依照本法规定收集的物证、书证、证人证言、被调查人供述和辩解、视听资料、电子数据等证据材料，在刑事诉讼中可以作为证据使用。"根据这一规定，监察机关收集的可以用于证明案件事实的材料，主要包括物证、书证、证人证言、被调查人供述和辩解、视听资料、电子数据等。

对此，可以从以下三个方面加以理解：

第一，证据的概念。可以用于证明案件事实的材料，都是证据。

（1）证据是材料，既包括物证、书证等客观性较强的材料，也包括证人证言、被调查人供述和辩解等主观性较强的材料。

（2）证据可以用于证明案件事实，即证据与案件事实有着一定程度的关联性，可以用于揭示、推断案件事实。但某一证据是否真实地反映了案件事实，需要经过监察机关、司法机关的审查判断。

（3）证据既包括证明被调查人违法或有罪的材料，也包括证明被调查人不违法或无罪的材料，既包括证明被调查人罪重的材料，也包括证明被调查人罪轻或者可以从轻、减轻、免除处罚的材料。

第二，证据的种类。主要包括：

（1）物证。是指与案件相关联，可以用于证明案件情况和被调查人情况的实物或者痕迹。如作案工具、现场遗留物、赃物等。

（2）书证。是指能够以其内容证明案件事实的文字、图案等资料。如任免文件、合同、账本、同案人之间有联络犯罪内容的书信等。

（3）证人证言。是指了解案件情况的人就其了解的案件情况所作的陈述。凡是知道案件真实情况的人都可以作为证人。不能辨别是非的人，不能正确表达的人，不能作为证人。

（4）被调查人供述和辩解。是指被调查人就案件情况所作的陈述，既包括承认自己违法或者有罪的供述，也包括声称自己不违法、无罪或者罪轻的辩解；既包括被调查人就案件事实所作的交代、申辩，也包括对同案违法犯罪人员的检举、揭发。

（5）视听资料、电子数据。是指载有与案件相关内容的录像、录音材料等。电子数据是指与案件事实有关的电子邮件、网上聊天记录、电子签名、访问记录等电子形式的证据。

（6）其他证据种类。如《监察法》第26条规定的勘验检查笔录、《监察法》第27条规定的鉴定意见等。

第三，证据须经查证属实才能作为定案的根据。证据只是可以用于证明案件事实的材料，真实性还需要经过监察机关、司法机关的审查。只有证据本身是真实的，才能证明案件的真实情况，虚假的证据会造成对案件认定的错误。证据必须经过查证属实，才能作为定案的根据，这是证据使用的根本原则，违背这一原则就会出现错案、假案，放纵违法犯罪或者侵犯公民的合法权益。"查证"是指监察机关、司法机关经过法定程序，对证据的客观性、合法性等情况进行审查，并将某一证据所提供的情况与其他证据相互验证，去伪存真，从而确定证据是否真实。"作为定案的根据"是指作为认定案件事实，作出是否移送起诉、是否起诉等决定和判决、裁定的依据。

51. 监察机关在收集、固定、审查、运用证据时，应当符合怎样的标准？

《监察法》第33条第2款规定："监察机关在收集、固定、审查、运用证据时，应当与刑事审判关于证据的要求和标准相一致。"根据这一规定，并结合《刑事诉讼法》有关规定，监察机关在收集、固定、审查、运用证据时，应当符合刑事审判"证据确实、充分"这一标准。

第一，认定违法犯罪必须符合"证据确实、充分"的标准。具体说来，认定证据确实、充分，应当符合三个条件：

（1）定罪量刑的事实都有证据证明。是指作为认定被调查人犯罪、犯何种罪，决定是否对其判处刑罚，判处何种刑罚所依据的事实，包括构成某种犯罪的各项要件和影响量刑的各种情节，都有监察机关经法定程序收集的证据证明。这是认定"证据确实、充分"的基础。

（2）据以定案的证据均经法定程序查证属实。是指经过监察机关按照法律规定的程序，包括《刑事诉讼法》中关于非法证据排除程序的查证，作为定案根据的证据被认定属实。这一条件侧重认定证据"确实"的方面。

（3）综合全案证据，对所认定事实已排除合理怀疑。是指办案人员在每一证据均查证属实的基础上，经过对证据的综合审查，运用法律知识和逻辑、经验进行推理、判断，对认定的案件事实达到排除合理怀疑的程度。"排除合理怀疑"是指对于认定的事实，已没有符合常理的、有根据的怀疑，实际上达到确信的程度。"证据确实、充分"具有较强的客观性，但司法实践中，这一标准是否达到，还是要通过监察人员、侦查人员、检察人员、审判人员的主观判断，以达到主客观相统一。只有对案件已经不存在合理的怀疑，形成内心确信，才能认定案件"证据确实、充分"。这里使用"排除合理怀疑"这一提法，并不是改变了我国刑事诉讼的证明标准，而是从主观角度进一步明确了"证据确实、充分"的含义，便于办案人员把握。

第二，应当重证据、不轻信口供。对一切案件的判处都要重证据、重调查研究，不轻信口供。只有被调查人供述，没有其他证据的，不能认定被调查人有罪和处以刑罚；没有被调查人供述，证据确实、充分的，可以认定被调查人有罪和处以刑罚。所谓"口供"，是指被调查人的供述，是职务违法犯罪调查中的重要证据，对于认定案件事实有着重要的意义，监察机关应当重视口供的收集。但由于被调查人是可能被追究刑事责任的人，在供述时往往会考虑对自己是否有利，口供中就有可能掺杂虚假成分，甚至是完全虚假的。另一方面，口供具有不确定性，随时可能变化。如果监察机关轻信甚至依赖口供，不重视其他证据的收集，很可能造成被调查人一旦翻供，就无证定案的局面，不利于打击犯罪和提高办案质量。而且依赖口供，就极易造成为获取口供不择手段，采取刑讯逼供等非法方法，侵犯被调查人的合法权益。所谓"重证据"，是指要重视一切证据的收集、认定，特别是口供以外的客观证据。所谓"不轻信口供",是指不能不经核实,不经与其他证据相互印证,就轻易相信口供。

52. 以非法方法收集的证据应当如何处理?

《监察法》第33条第3款规定:"以非法方法收集的证据应当依法予以排除,不得作为案件处置的依据。"根据这一规定,法律严禁以非法方法收集证据,以非法方法收集的证据应当依法予以排除,不得作为案件处置的依据。

在职务违法和职务犯罪调查中应当排除的非法证据主要包括两类:

第一,采用刑讯逼供等非法方法收集的被调查人供述和采用暴力、威胁等非法方法收集的证人证言,即采用非法方法收集的言词证据。"刑讯逼供"是指使用肉刑或者变相肉刑,使当事人在肉体或精神上遭受剧烈疼痛或痛苦而不得不供述的行为,如殴打、电击、饿、冻、烤等。"非法方法"是指违法程度和对当事人的强迫程度与刑讯逼供或者暴力、威胁相当,使其不得不违背自己意愿陈述的方法。以上述非法方法收集言词证据,严重侵犯当事人的人身权利,破坏司法公正,极易酿成冤假错案,是非法取证情节最严重的情形。对以上述非法方法取得的言词证据,应当严格地予以排除。

(1) 采用下列非法方法收集的被调查人供述,应当予以排除:

采用殴打、违法使用戒具等暴力方法或者变相肉刑的恶劣手段，使被调查人遭受难以忍受的痛苦而违背意愿作出的供述；采用以暴力或者严重损害本人及其近亲属合法权益等进行威胁的方法，使被调查人遭受难以忍受的痛苦而违背意愿作出的供述；采用非法拘禁等非法限制人身自由的方法收集的被调查人供述。

采用刑讯逼供方法使被调查人作出供述，之后被调查人受该刑讯逼供行为影响而作出的与该供述相同的重复性供述，应当一并排除，但下列情形除外：调查期间，根据控告、举报或者自己发现等，监察机关确认存在或者认为可能存在以非法方法收集证据的情形，而更换调查人员，其他调查人员再次讯问时告知诉讼权利和认罪的法律后果，被调查人自愿供述的；留置、审查起诉和审判期间，监察人员、检察人员、审判人员讯问时告知诉讼权利和认罪的法律后果，被调查人自愿供述的。

（2）采用暴力、威胁以及非法限制人身自由等非法方法收集的证人证言，应当予以排除。

第二，收集程序不符合法定程序，可能严重影响司法公正的物证、书证。"不符合法定程序"包括不符合法律对于取证主体、取证手续、取证方法的规定，如由不具备办案资格的人员提取的物证，勘验笔录没有见证人签字的物证，未出示搜查证搜查取得的书证等。违法收集物证、书证的情况比较复杂，物证、书证本身是客观证据，取证程序的违法一般不影响证据的可信度。而且许多物证、书证具有唯一性，一旦被排除就不可能再次取得。大部分国家的法律对于违法取得的实物证据，都没有规定绝对予以排除，而是区分情况作不同的处理。

统筹考虑惩治犯罪和保障人权的要求，对于采用非法搜查、扣押等违反法定程序的方法收集物证、书证，可能严重影响司法公正的，应当予以补正或者作出合理解释；不能补正或者作出合理解释的，对有关证据应当予以排除。"可能严重影响司法公正"是排除非法取得的物证、书证的前提，是指收集物证、书证不符合法定程序的行为明显违法或者情节严重，可能对司法机关办理案件的公正性、权威性以及司法的公信力产生严重的损害。"补正或者作出合理解释"的主体是收集证据的办案机关或者人员。"补正"是指对取证程序上的非实质性的瑕疵进行补救，如在缺少调查人员签名的勘验、检查笔录上签名等。"作出合理解释"是指对取证程序的瑕疵作出符合逻辑的解释，如对书证副本复制时间作出解释等。如果收集证据的机关或者人员对违法取证的情况予以补正或者作出了合理解释，审查证据的机关认为不影响证据使用的，该证据可以继续使用；不能补正或者作出合理解释的，对该证据则应当予以排除。

　　依法予以排除的非法证据，不得宣读、质证，不得作为定案的根据。被调查人申请排除非法证据，应当提供相关线索或者材料。"线索"是指内容具体、指向明确的涉嫌非法取证的人员、时间、地点、方式等；"材料"是指能够反映非法取证的伤情照片、体检记录、医院病历、讯问笔录、讯问录音录像或者同监室人员的证言等。被调查人申请排除非法证据，应当向监察机关、人民法院提交书面申请。被调查人书写确有困难的，可以口头提出申请，但应当记录在案，并由被调查人签名或者捺印。

53. 其他国家机关发现公职人员涉嫌职务违法犯罪的问题线索，应当如何处理？

《监察法》第 34 条规定："人民法院、人民检察院、公安机关、审计机关等国家机关在工作中发现公职人员涉嫌贪污贿赂、失职渎职等职务违法或者职务犯罪的问题线索，应当移送监察机关，由监察机关依法调查处置。被调查人既涉嫌严重职务违法或者职务犯罪，又涉嫌其他违法犯罪的，一般应当由监察机关为主调查，其他机关予以协助。"根据这一规定，监察机关以外的其他国家机关在工作中发现公职人员涉嫌职务违法或者职务犯罪的问题线索，应当移送监察机关调查处置。

所谓"问题线索"，是指反映公职人员涉嫌贪污贿赂、失职渎职等职务违法或者职务犯罪的问题线索。这里的问题线索应当与职务违法或职务犯罪具有相关性，既包括涉嫌职务犯罪的问题线索，也包括不涉嫌职务犯罪、但涉嫌职务违法的问题线索。问题线索受理的形式一般有四种：

第一，书面形式。书面形式是控告人或者检举人以文字或文字加图片的方式，提供职务违法或者职务犯罪行为的控告或举报材料。书面控告、举报材料有署名和匿名两种，其中控告材料以署名居多，举报材料以匿名居多。文字材料分为手写和打印两种形式，以打印的材料居多。图片材料分为原件或复印件两种。书面材料比较固定，依据性相对较强，对书面材料的受理是监察机关主要的受理形式。

第二，口头形式。口头形式是控告人或者检举人以口述或者电话的方式提供职务违法或者职务犯罪行为的控告、举报材料。这种受理形式通常用文字记录下来，具有及时、便捷、可以相互交流的特点。

第三，视听资料形式。录音、录像形式是控告人或者检举人以录音、录像的方式提供对职务违法或者职务犯罪行为的控告、举报材料。这种材料的内容有的是控告人或者检举人自我录音、录像材料，有的是与控告或举报的问题有关的证据材料。

第四，电子数据形式。电子数据形式是控告人或者检举人从网上发送电子邮件，或者使用手机短信等现代通信形式提供对职务违法或者职务犯罪行为的控告、举报材料。

实践中，问题线索来源主要有四个渠道：一是信访举报，主要指群众来信、来访、电话举报、网络举报等；二是监察机关监察过程中发现的问题线索，如被调查人和其他涉案人员检举揭发的问题线索；三是巡视组移交的问题线索；四是其他单位移交的问题线索，主要包括审计部门审计要情反映，以及其他行政、司法机关移交的问题线索等。其中第四个渠道即《监察法》规定的情形，可以进一步分为两种情况：

第一，其他国家机关接受信访举报。比如，《刑事诉讼法》第108条规定："任何单位和个人发现有犯罪事实或者犯罪嫌疑人，有权利也有义务向公安机关、人民检察院或者人民法院报案或者举报。被害人对侵犯其人身、财产权利的犯罪事实或者犯罪嫌疑人，有权向公安机关、人民检察院或者人民法院报案或者控告。公安机关、人民检察院或者人民法院对于报案、控告、举报，都应当接受。对于不属于自己管辖的，应当移送主管机关处理，并且通知报案人、控告人、举报人；对于不属于自己管辖而又必须采取紧急措施的，应当先采取紧急措施，然后移送主管机关。犯罪人向公安机关、人民检察院或者人民法院自首的，适用第三款规定。"因此，如果有关单位或个人发现有职务违法或者职务犯罪事实或者违法犯罪嫌疑人，但并未向监察机关、而是向公检法机关报案或者举报，则公检法机关应当先行接受，再依法移送监察机关调查处理，同时应当通知报案人、控告人、举报人，如有必要，还应先采取紧急措施，然后移送监察机关。

第二，其他国家机关在工作中发现问题线索。如审计机关在审计中发现被审计单位有关公职人员涉嫌职务违法或职务犯罪的，公检法机关在办理非职务犯罪刑事案件中发现有职务违法或者职务犯罪事实或者违法犯罪嫌疑人的，都应当将有关问题线索移送监察机关调查处理。

实践中，往往存在被调查人既涉嫌严重职务违法或者职务犯罪，又涉嫌其他违法犯罪的情形。其中，职务违法或者职务犯罪由监察机关调查，而其他违法犯罪则由有关行政、司法机关处理。由于两类违法犯罪往往存在牵连，而且职务违法或者职务犯罪通常是其他违法犯罪得以进行的重要条件，因此，《监察法》规定此类案件一般应当由监察机关为主调查，其他机关予以协助。

54. 监察机关与司法机关在刑事案件管辖上如何进行分工?

《监察法》第 11 条第 2 项规定,监察委员会依照本法和有关法律规定,对涉嫌贪污贿赂、滥用职权、玩忽职守、权力寻租、利益输送、徇私舞弊以及浪费国家资财等职务违法和职务犯罪进行调查。《刑事诉讼法》第 18 条规定:"刑事案件的侦查由公安机关进行,法律另有规定的除外。贪污贿赂犯罪,国家工作人员的渎职犯罪,国家机关工作人员利用职权实施的非法拘禁、刑讯逼供、报复陷害、非法搜查的侵犯公民人身权利的犯罪以及侵犯公民民主权利的犯罪,由人民检察院立案侦查。对于国家机关工作人员利用职权实施的其他重大的犯罪案件,需要由人民检察院直接受理的时候,经省级以上人民检察院决定,可以由人民检察院立案侦查。自诉案件,由人民法院直接受理。"根据上述规定,监察机关与司法机关在刑事案件管辖上的分工主要包括以下几点:

第一,刑事案件的侦查原则上由公安机关进行。对刑事案件进行侦查是公安机关的重要职责,因此,除法律另有规定的以外,所有刑事案件的侦查工作,都应由公安机关负责。其中"法律另有规定的",主要是指《监察法》第 11 条第 2 项和《刑事诉讼法》第 4 条、第 290 条的规定,前者涉及职务违法和职务犯罪案件范围,后者涉及国家安全机关、军队保卫部门、监狱的刑事侦查权。其中,《刑事诉讼法》第4条规定:"国家安全机关依照法律规定,办理危害国家安全的刑事案件,行使与公安机关相同的职权。"《刑事诉讼法》第290条规定:"军队保卫部门对军队内部发生的刑事案件行使侦查权。对罪犯在监狱内犯罪的案件由监狱进行侦查。军队保卫部门、监狱办理刑事案件,适用本法的有关规定。"

第二,职务犯罪刑事案件原来由人民检察院立案侦查,《监察法》颁布施行后改由监察机关调查。根据《刑事诉讼法》第18条第2款对人民检察院自侦案件范围的规定,人民检察院立案侦查的案件包括:①贪污贿赂犯罪。即刑法分则第八章规定的贪污贿赂罪和其他章节中明确规定按照刑法分则第八章贪污贿赂罪的规定定罪处罚的犯罪。②国家工作人员的渎职犯罪。即刑法分则第八章规定的渎职罪。另外,刑法分则第四章第248条规定的监管人员殴打、体罚、虐待被监管人罪,由检察院管辖。③国家机关工作人员利用职权实施的非法拘禁、刑讯逼供、报复陷害、非法搜查的侵犯公民人身权利的犯罪。对于国家机关工作人员实施除上述所列四种罪以外的侵犯公民人身权利的犯罪以及任何人实施侵犯公民人身权利的犯罪案件,应由公安机关进行侦查。④国家机关工作人员侵犯公民民主权利的犯罪。⑤对于国家机关工作人员利用职权实施的其他重大的犯罪案件,需要由人民检察院直接受理的时候,经省级以上人民检察院决定,可以由人民检察院立案侦查。这样规定,一是使检察院直接受理的案件范围更加具体明确,把犯罪主体限于国家机关工作人员利用职务实施的其他重大犯罪案件,其中"其他重大犯罪案件"指的是个案,而且是公安机关不便立案侦查，由检察院侦查更为适宜的个别案件；二是要经省（自治区、直辖市）人民检察院或者最高人民检察院决定，才可以由人民检察院立案侦查。

《监察法》颁布施行后，根据《监察法》第11条第2项的规定，涉嫌贪污贿赂、滥用职权、玩忽职守、权力寻租、利益输送、徇私舞弊以及浪费国家资财等职务犯罪的案件，不再由人民检察院立案侦查，而是改由监察机关进行立案调查。

第三，自诉案件由人民法院直接受理。根据《刑事诉讼法》第204条的规定，自诉案件包括以下三种：①告诉才处理的案件。根据刑法的规定，告诉才处理的案件包括侮辱、诽谤案件、暴力干涉婚姻自由案件、虐待案件、侵占案件。②被害人有证据证明的轻微的刑事案件。"有证据证明"，主要是指被害人能够明确提供被告人的身份，有确实、充分的证据证明该被告人对自己实施了犯罪行为。被害人的证据不足以证明被告人犯罪的案件，应当向侦查机关报案，由侦查机关进行立案侦查。"轻微刑事案件"，司法实践中主要掌握以下几类：故意伤害案（轻伤）；重婚案；遗弃案；妨害通信自由案；非法侵入他人住宅案；生产、销售伪劣商品案（严重危害社会秩序和国家利益的除外）；侵犯知识产权案（严重危害社会秩序和国家利益的除外）以及属于刑法分则第四章、第五章规定的，对被告人可以判处三年有期徒刑以下刑罚的其他轻微刑事案件。③被害人有证据证明对被告人侵犯自己人身、财产权利的行为应当依法追究刑事责任，而公安机关或者人民检察院不予追究被告人刑事责任的案件。"公安机关或者人民检察院不予追究被告人刑事责任"，是指经向公安机关、人民检察院报案、控告、检举，公安机关、人民检察院未立案侦查，或者撤销案件，或者不起诉的。

55. 监察机关对于报案或者举报应当如何处理？

《监察法》第 35 条规定："监察机关对于报案或者举报，应当接受并按照有关规定处理。对于不属于本机关管辖的，应当移送主管机关处理。"根据这一规定，监察机关对于任何报案或者举报都有接受的义务。当然，至于接受后如何处理，应当分别情况，或者按照有关规定处理，或者移送主管机关处理。

第一，监察机关对于任何报案或者举报都应当予以接受。所谓"报案"，是指单位和个人（包括被害人）向监察机关报告发现有违法犯罪事实或者违法犯罪嫌疑人的行为。所谓"举报"，是指当事人以外的其他知情人向监察机关检举、揭发违法犯罪嫌疑人的违法犯罪事实或者违法犯罪嫌疑人线索的行为。虽然《监察法》对监察机关的职责、监察范围和管辖等有明确规定，但本条对单位和个人报案或者举报的内容范围未做任何限制，即单位和个人发现任何违法犯罪事实或者违法犯罪嫌疑人，都可以向监察机关报案或者举报，监察机关都有义务先予接受，决不能以任何理由拒绝、推诿。至于监察机关接受后具体应当如何处理，则应当分别情况进行。

第二，报案或者举报属于监察机关管辖的，应当按照有关规定处理。根据《监察法》的规定，监察机关依法对所有行使公权力的公职人员进行监察，对涉嫌贪污贿赂、滥用职权、玩忽职守、权力寻租、利益输送、徇私舞弊以及浪费国家资财等职务违法和职务犯罪进行调查。监察机关接受报案或者举报后，应当进行初步审查，对于属于监察机关管辖的，应当按照《监察法》关于监察范围和管辖（第三章）、监察权限（第四章）、监察程序（第五章）等事项的规定进行处理。具体而言，属于本监察机关管辖的，依法受理并移送本监察机关有关部门办理；属于监察机关管辖但不属于本监察机关管辖的，移送有管辖权的监察机关办理。

第三，报案或者举报不属于监察机关管辖的，应当移送主管机关处理。这里主要是指属于司法机关管辖的非职务犯罪刑事案件。根据《监察法》和《刑事诉讼法》的有关规定，监察机关与司法机关在刑事案件管辖上存在明确的分工，前者主要负责调查职务犯罪案件，后者主要负责其他案件的立案侦查。尽管如此，报案人或举报人可能对法律规定并不熟悉，不一定向法律规定的管辖机关报案或举报。为了方便老百姓报案或举报，防止出现告状无门的情况，法律规定监察机关对于任何报案或者举报都应当予以接受。但接受后具体如何处理，则必须按照法律规定的权限和程序进行，对于不属于监察机关管辖的案件，应当移送公安机关、人民检察院等主管机关处理。

56. 如何形成日常监督、案件调查、案件监督管理、案件审理相互协调、相互制约的工作机制？

《监察法》第36条规定："监察机关应当严格按照程序开展工作，建立问题线索处置、调查、审理各部门相互协调、相互制约的工作机制。监察机关应当加强对调查、处置工作全过程的监督管理，设立相应的工作部门履行线索管理、监督检查、督促办理、统计分析等管理协调职能。"根据这一规定，监察机关应当着力加强自我监督和制约，通过明确工作职能、细化履职方式、完善配套制度，建立相互协调、相互制约的工作机制。

第一，实行明确的职责分工。根据《监察法》的规定，案件调查、案件监督管理、案件审理分别由不同部门分工负责：案件调查部门负责初步核实和立案审查，不固定联系某一地区和部门，避免长期接触带来利益瓜葛；案件监督管理部门负责对监督调查工作全过程进行监督管理；案件审理部门作为最后一环，要充分发挥把关作用，对审查的结论进行认真审核、充分监督。各部门在监察活动中，应当依照法律规定的分工，在各自的职责范围内，各司其职，各负其责，既不能包办代替，越权行事，也不能互相推诿，不负责任。

第二，建立相互协调、相互制约的工作机制。所谓"相互协调"，是指各部门要按照法律规定，在正确履行各自职责的基础上，互相支持，共同完成惩罚职务违法犯罪和保护人民的任务，而不能违反法律规定，各行其是，互不通气，甚至互相扯皮。所谓"相互制约"，是指各部门在监察活动中，为防止和及时纠正可能发生的错误，通过程序上的制约，以保证案件质量，正确应用法律惩罚违法犯罪。相互协调、相互制约的工作机制包括以下方面：

（1）在领导体制上，注重统分结合，实行既分工负责又集体决策的体制。实行"监督、调查、案管、审理"相对分离，监察机关领导班子成员分别分管日常监督、案件调查、案件监督管理、案件审理。建立集体决策制度，问题线索处置、确定调查方案、采取调查措施必须经集体研究决定，审理意见与调查意见不一致时必须经集体研究，经协商一致，按程序报批。

（2）在工作机制上，注重流程再造，建立既相互协调又相互制约的机制。案件监督管理部门集中统一管理所有反映公职人员的问题线索，实行动态更新、汇总核对、全程监控，对日常监督、案件调查工作进行综合协调和监督管理；日常监督部门负责所联系地区和部门的日常监督，不负责具体案件查办；案件调查部门负责对违法犯罪行为进行初步核实和立案调查，实行一次一授权，不固定联系某一地区或者部门，由案件监督管理部门统一调度；案件审理部门负责审核把关，对事实不清、证据不足的，退回案件调查部门补充证据或重新调查。通过建立工作机制，加强内部监督制约，保证案件调查审理工作的独立性和公正性，通过严格的工作程序把监督调查权力关进制度笼子，确保案件质量。

（3）为确保集中统一领导，保证质量和效率，建立相互支持、协调衔接的工作机制。案件监督管理部门负责对案件调查部门的线索处置、调查情况进行跟踪研判，在安全保障、陪护力量、协调等方面支持案件调查部门的工作。案件调查部门要将工作进展、线索处置进度以及相关调查数据统计情况及时报送案件监督管理部门，便于汇总分析。案件审理部门要在制定取证指南、细化证据标准、发布典型案例等方面，对案件调查部门的工作进行指导和支持。考虑到案件调查部门身处调查工作第一线，对违法犯罪问题特点和背景情况掌握更加全面，在案件审理阶段，审理部门要在认真审核事实证据的基础上，加强与案件调查部门的沟通，充分听取他们的意见，确保案件处理经得起实践和历史的检验。

分工负责、相互协调、相互制约，是密切相关，缺一不可的。分工负责是前提，没有分工负责，就谈不上相互协调和制约。相互协调和制约是各部门依法行使职权，顺利进行监察活动，正确处理案件，防止和减少错案发生的保证。分工负责、相互协调、相互制约，最终目的都是为了实现公平正义。

57. 案件监督管理部门如何履行对调查、处置工作全过程的监督管理职责？

《监察法》第 36 条第 2 款规定："监察机关应当加强对调查、处置工作全过程的监督管理，设立相应的工作部门履行线索管理、监督检查、督促办理、统计分析等管理协调职能。"根据这一规定，监察机关应当设立专门的案件监督管理部门，履行对调查、处置工作全过程的监督管理职责。

案件监督管理部门主要履行管理协调职责，主要包括以下四项：

第一，线索管理。在实践中，案件监督管理部门一般对下列问题线索进行集中管理：同级党委管理干部的问题线索；领导批示或者交办的问题线索；其他部门按照规定移交给案件监督管理部门的问题线索；其他需要由案件监督管理部门管理的问题线索。

第二，监督检查。在实践中，案件监督管理部门一般对办案过程中的下列事项进行监督检查：遵守调查程序、履行调查手续、执行调查纪律的情况；使用重要调查措施的情况；调查场所安全保障情况；涉案款物暂扣、移交、保管以及处理等情况；保障被调查人合法权益情况；其他需要监督检查的事项。案件监督管理部门主要开展以下工作：①建立查办案件监督检查制度，明确监督检查的重点、方法、程序；②对案件初步核实、立案、调查、审理等环节所形成的相关文书以及重要调查措施的审批文书进行备案；③对监督检查过程中发现的问题应当及时提出建议，督促改正。

第三，督促办理。在实践中，案件监督管理部门一般对下列事项进行督促办理：监察机关领导批示交办的与案件有关的事项；上级监察机关交办的案件及其他有关事项；根据领导批示由案件监督管理部门转交派驻（出）机构及下级监察机关办理的案件；其他需要督办的事项等。案件监督管理部门主要开展以下工作：

①对督办材料进行规范管理，及时提出拟办意见，拟定督办工作方案，报经批准后组织实施；②对承办单位加强跟踪督办，掌握情况，督促承办单位在规定时限内报告办理结果，对督办结果进行审核把关，写出督办情况报告；③会同有关部门建立重要事项督办结果集体审核把关制度。

第四，统计分析。案件统计分析工作由案件监督管理部门归口管理，统一负责，分级汇总，逐级报送。在实践中，案件监督管理部门主要开展以下工作：①建立和完善监察机关查办案件统计资料库，对信访举报、初步核实、立案、审理、处分、申诉、司法处理以及与调查有关的重要专项工作等情况进行统计分析，撰写研究报告报送监察机关有关领导；②建立案件统计资料月报、年报、审核责任制度和统计工作考核制度，及时汇总调查部门形成的案件调查报告、案件剖析报告，加强对案件特点、发案原因和发案趋势等问题的分析研究，通过综合分析、专题分析和典型案件剖析等方式，形成研究报告，为领导决策提供参考；③建立案件通报制度，会同有关部门对查办案件总体情况及重大、典型案件进行通报。

58. 监察机关对监察对象的问题线索应当如何提出处置意见?

《监察法》第37条规定:"监察机关对监察对象的问题线索,应当按照有关规定提出处置意见,履行审批手续,进行分类办理。线索处置情况应当定期汇总、通报,定期检查、抽查。"根据这一规定,监察机关应当结合问题线索所涉及地区、部门、单位总体情况,综合分析,按照谈话函询、初步核实、暂存待查、予以了结等方式进行处置,同时应对线索处置情况进行定期汇总、通报,定期检查、抽查。

第一,对问题线索提出相应处置意见。在实践中,问题线索处置方式主要包括以下几种。

(1)谈话函询,主要是指反映的问题线索具有一般性,查清了只能给予轻处分或批评教育,或者反映问题不实而予以澄清的;反映问题笼统,多为道听途说或主观臆测,难以查证核实的线索。对反映笼统的问题线索要本着对监察对象负责的态度,对反映的一般性问题及时同本人见面,谈话提醒、约谈函询,要求其写出情况说明。谈话函询是严肃的思想政治工作,言要及物、言要及行,决不能走过场。创新谈话方式,既可以由监察机关相关负责人或者承办部门主要负责人进行,也可以委托被谈话人所在单位相关负责人进行。谈话函询之前和之后都要履行严格审批手续,谈话内容记录在案，形成完整的廉政档案。

（2）初步核实，主要是指反映的问题线索具有存在的可能性和可查性，对照法律规定，判断其可能构成违法犯罪的线索。初步核实是处置问题线索的关键一步，要依法履行审批程序，成立核查组。初步核实工作结束后，核查组应当撰写初步核实情况报告，提出处理建议。这项工作做得扎实，立案之后才能快查快结，避免"查出什么算什么"的问题。

（3）暂存待查，主要是指反映的问题线索虽具有一定的可查性，但由于种种原因，暂不具备核查的条件而存放备查，一旦条件成熟即可开展核查工作的线索。

（4）予以了结，主要是指反映的问题线索失实或无可能开展核查工作的线索。

第二，对问题线索处置情况进行定期汇总。承办部门定期汇总线索处置情况，及时向案件监督管理部门通报。案件监督管理部门定期汇总、通报问题线索及处置情况，向监察机关主要负责人报告。各部门做好线索处置归档工作，归档材料应当齐全完整，载明领导批示和处置过程。案件监督管理部门主要开展以下工作：①建立案件通报制度，会同有关部门对查办案件总体情况及重大、典型案件进行通报；②在案件监督管理中发现本级监察机关和下级监察机关工作人员有违法行为的，应当及时向监察机关有关部门通报，由有关部门按照规定处理；③建立和完善监察机关查办案件统计资料库，对信访举报、初步核实、立案、审理、处分、申诉、司法处理以及与调查有关的重要专项工作等情况进行统计分析，撰写研究报告报送监察机关有关领导。

59. 监察机关如何开展初步核实工作?

《监察法》第 38 条规定,需要采取初步核实方式处置问题线索的,监察机关应当依法履行审批程序,成立核查组。根据这一规定,采取初步核实方式处置问题线索,应当制定工作方案,成立核查组,履行审批程序。

初步核实应具备以下条件:掌握反映监察对象违法犯罪的问题线索;所掌握的问题线索属于本级监察机关管辖;问题线索具有存在的可能性,并具有可调查性;问题线索可能构成违法犯罪,需要追究法律责任;初步核实机关已履行必要的受理审批手续。

初步核实应当成立核查组,核查组成立后,核查组负责人应组织核查人员认真分析反映的主要问题的线索、基本情况以及涉及的单位和人员,并进行认真的研究。在熟悉案情和掌握有关法律规定的基础上,制定初步核实方案。

在实践中,初步核实方案的内容通常包括:初步核实的依据,主要是有关领导的批示,相关会议决定等;问题线索来源和被核查人的基本情况;所反映主要问题,即需要核实的内容,要把所反映主要问题所涉及的内容逐条列入,避免遗漏;初步核实方法、步骤,包括初步核实的时间、范围、程序等;初步核实中应注意的事项。

初步核实方案由核查组制定后,及时报监察机关相关负责人批准后实施。初步核实方案经监察机关相关负责人批准后，核查组认真组织实施。初步核实方案的实施，是指核查人员通过采取规定的手段和方法，查清所反映的主要问题，为立案与否提供依据的活动，主要包括初步核实意见的宣布、向知情人有关单位调查核实，深入群众调查核实和撰写初步核实情况报告等。

在实践中，对问题线索进行初步核实一般履行以下手续：①填写《初步核实呈批表》并报监察机关相关负责人审批，但重大违法犯罪问题线索应报监察机关领导集体研究决定。②属委托下级监察机关进行初步核实的，本级监察机关应制作《委托初步核实通知书》，报监察机关相关负责人签批后下发。上级监察机关直接受理的属下级监察机关受理范围的问题线索，也可以委托其他下级监察机关进行初步核实。③制定《初步核实调查方案》并报监察机关相关负责人批准。④初步核实后，参与核实的人员应撰写《初步核实情况报告》并在报告上签名；承办部门应对《初步核实情况报告》进行审议并提出处理建议，由案件调查部门负责人签名后呈报监察机关相关负责人审批。

初步核实应注意以下事项：①承担初步核实任务的单位，应根据问题线索所反映的主要问题具体情况确定初步核实人员，且不少于两人。②初步核实过程中，应加强对检举人、控告人、证人的保护，对相关材料和情况要严格保密。③参与初步核实人员如有符合规定的回避情形的，应主动申请回避。采取回避的，应按相应程序报批或决定。④初步核实过程中发现重要情况应及时按程序上报相关领导或监察机关。⑤初步核实过程中应严格按权限和规定程序使用各种调查措施。

60. 初步核实工作结束后应当如何处理？

《监察法》第38条规定，初步核实工作结束后，核查组应当撰写初步核实情况报告，提出处理建议。承办部门应当提出分类处理意见。初步核实情况报告和分类处理意见报监察机关主要负责人审批。根据这一规定，初步核实工作结束后，核查组应当撰写初步核实情况报告，承办部门应当提出分类处理意见，初步核实情况报告和分类处理意见都要报监察机关主要负责人审批。

第一，核查组应当撰写初步核实情况报告。初步核实工作结束后，核查组应当撰写初步核实情况报告，列明被核查人基本情况、反映的主要问题、办理依据及初步核实结果、存在疑点、处理建议，由核查组全体人员签名备查。

在实践中，初步核实情况报告的主要内容一般包括：

（1）标题。初步核实情况报告的标题要反映出对何人何问题的初步核实情况的报告。如果反映的违法犯罪线索中的问题比较多，应选择主要问题列入标题，在主要问题后加一个"等"字。

（2）初步核实依据和初步核实工作概况。初步核实的依据应交代违法犯罪线索的来源、批准初步核实的机关和领导。初步核实工作的概况，包括初步核实人员的组成、初步核实的方式及起止时间等。

（3）初步核实对象的自然概况和工作履历情况。包括初步核实对象的姓名、性别、年龄、籍贯、文化程度、参加工作时间、入党时间、历任主要职务及现任职务等。曾经受过处分的，应说明是在何时何地因何问题受过何种处分。

（4）反映的主要问题及初步核实结果。这一部分要根据法律规定，实事求是地对所核实的问题进行客观叙述。要抓住主要问题，对主要问题的具体情节、经过和各种证据应全面反映，对所核实的问题是否存在，要作出肯定或否定的回答。对不能作出肯定或否定回答的问题，要如实反映。

（5）经初步核实后，相关事实证据还存在哪些疑点。

（6）处理建议。这一部分要根据初步核实的结果，实事求是地提出建议。对需要立案调查的，应写明认定违法犯罪和定性的依据；对不需要立案调查，但需要进行谈话提醒、批评教育、责令检查，或者予以诫勉等处理的，要明确提出意见；对是否需要在一定范围内予以澄清的问题，也要提出建议；对政策界限不清，性质一时难以认定的，可采取写实的办法。

（7）署名。应写明承办人的姓名、单位、职务及制作初步核实情况的时间。

第二，承办部门应当提出分类处理意见。承办部门应当综合分析初步核实情况，按照拟立案调查、予以了结、谈话提醒、暂存待查，或者移送有关党组织处理等方式提出处理意见。

（1）立案调查。监察对象确有违法犯罪事实，需要追究法律责任的。

（2）予以了结。主要是指反映的问题失实或不可能开展核查工作的线索。比如，经过核查未发现违法犯罪问题的；虽有违法犯罪事实，但情节轻微，不需要追究法律责任，已建议有关党组织或行政机关作出恰当处理的，等等。

（3）谈话提醒。发现监察对象有思想、作风、纪律等方面苗头性、倾向性问题的，本级部门有关负责人应当及时对其提醒谈话；发现轻微违法犯罪问题的，上级部门有关负责人应当对其诚勉谈话，并由本人作出说明或者检讨，经本级有关负责人签字后报上级有关部门。

（4）暂存待查。反映的问题虽具有一定的可查性，但由于种种原因，暂不具备核查的条件而存放备查，一旦条件成熟即可开展核查工作的线索。

（5）移送有关党组织处理。经初核发现按照干部管理权限应由有关党组织处理的问题。

61. 监察机关决定立案调查的条件是什么？

《监察法》第39条规定："经过初步核实，对监察对象涉嫌职务违法犯罪，需要追究法律责任的，监察机关应当按照规定的权限和程序办理立案手续。监察机关主要负责人依法批准立案后，应当主持召开专题会议，研究确定调查方案，决定需要采取的调查措施。立案调查决定应当向被调查人宣布，并通报相关组织。涉嫌严重职务违法或者职务犯罪的，应当通知被调查人家属，并向社会公开发布。"根据这一规定，监察机关只有在存在职务违法犯罪，并且需要追究法律责任的条件下才能立案。

第一，立案是特定机关的职权行为。对职务违法犯罪的立案调查是法律赋予监察机关的专属权力，其他任何机关或者个人都不得行使。根据《监察法》的规定，监察机关依照法律规定的案件管辖范围承担着对职务违法犯罪案件的调查工作，肩负着打击职务违法犯罪，开展廉政建设和反腐败工作，维护宪法和法律尊严的职责。因此，发现职务违法犯罪事实或者职务违法犯罪嫌疑人的，应当由监察机关立案调查。

第二，立案既是一项职权，更是一项职责。监察机关发现职务违法犯罪事实或者职务违法犯罪嫌疑人，且在自己管辖范围内的，必须立案调查，不得推诿、拖延。只有这样，才能及时采取必要的调查措施，及时发现和收集证据，从而保证准确、及时地揭露、证实、惩罚职务违法犯罪分子。只有监察机关积极开展立案活动，才能保证一切需要追究法律责任的职务违法犯罪行为受到及时追究。如果该立案而不立案或者立案不及时，就可能贻误调查时机，放纵违法犯罪，甚至可能因违法犯罪人继续实施新的违法犯罪而给社会造成新的危害。

第三，立案应当根据法定条件进行。决定立案的条件是：①有职务违法犯罪事实，即已有的材料能够说明存在危害社会的职务违法犯罪行为。这是立案的首要条件。②依照《刑法》等法律的规定，对所存在的职务违法犯罪事实需要追究法律责任。只有同时具备以上两个条件的，才能决定立案。监察机关受理反映监察对象职务违法犯罪的问题线索和材料后，经过仔细研究，对主要问题进行初步核实，确认被揭发人有职务违法犯罪的事实存在，且已掌握了相关证据，才可能进入立案程序。对经过初步核实，发现检举、控告反映问题失实，没有职务违法犯罪事实，即没有任何危害社会的职务违法犯罪行为和后果，或者有危害后果而并非职务违法犯罪行为所致的，或者虽然有职务违法犯罪事实，但情节轻微，不需要追究法律责任，已建议有关党组织或行政机关作出恰当处理的，不再办理立案手续。

62. 监察机关决定立案调查的权限和程序是什么？

《监察法》第 39 条规定："经过初步核实，对监察对象涉嫌职务违法犯罪，需要追究法律责任的，监察机关应当按照规定的权限和程序办理立案手续。监察机关主要负责人依法批准立案后，应当主持召开专题会议，研究确定调查方案，决定需要采取的调查措施。立案调查决定应当向被调查人宣布，并通报相关组织。涉嫌严重职务违法或者职务犯罪的，应当通知被调查人家属，并向社会公开发布。"根据这一规定，监察机关立案应当按照法定的权限和程序进行，立案后应履行相应的通报或通知义务。

第一，监察机关应当按照规定的权限和程序办理立案手续。经过初步核实，对于符合立案条件的，承办部门应当起草立案调查呈批报告，经监察机关主要负责人审批，并履行其他审批手续后，予以立案调查。对同一案件涉及不同层级职务违法犯罪人员的案件，立案时应遵循以下程序：①对同一案件涉及不同层级职务违法犯罪人员的，一般对职务违法犯罪人员中级别最高的人由有管辖权的监察机关进行初核，必要时，上级监察机关也可以委托下级监察机关进行初核。②初步核实后，对属于本级监察机关管辖的涉案人，可直接立案查处，对属于下级监察机关管辖的其他涉案人，也可一并立案查处。③初步核实后，如发现非本级监察机关管辖的涉案人尚有与本案有关的其他问题线索，应由案件调查部门报经监察机关相关负责人同意后，逐级转给下级监察机关立案继续调查。如对上述线索反映的问题一并调查有利于案件查处的，也可由初步核实的监察机关一并立案查处。

第二，监察机关主要负责人依法批准立案后，应当主持召开专题会议，研究确定调查方案，决定需要采取的调查措施。根据《监察法》第四章的规定，监察机关可以采取谈话、讯问、询问、查询、冻结、搜查、调取、查封、扣押、勘验检查、鉴定、留置、技术调查、通缉、限制出境等措施。调查是监察机关在办理职务违法犯罪案件过程中，依法进行的专门调查工作和有关的强制性措施。调查的目的在于收集、调取证据材料，以查清案件事实。

第三，立案调查决定应当向被调查人宣布，并通报相关组织；涉嫌严重职务违法或者职务犯罪的，应当通知被调查人家属，并向社会公开发布。在立案后第一次与被调查人谈话时，案件调查部门应将立案决定通知本人，并告知其享有的权利和承担的义务。经决定或批准立案的案件，案件调查部门应向同级党委组织部门（非党员的向同级统战部门）发函通报立案情况。此外，案件调查部门应将立案情况向以下单位或者组织通报：被调查人系中共党员的，向被调查人所在单位党组织或上级党组织通报；被调查人系人大代表、政协委员或民主党派成员的，还应向有关人大、政协、民主党派通报。通报后可能影响调查的，可暂不通报。

63. 监察机关在职务违法犯罪调查中应当如何依法、客观、全面收集证据？

《监察法》第40条规定："监察机关对职务违法和职务犯罪案件，应当进行调查，收集被调查人有无违法犯罪以及情节轻重的证据，查明违法犯罪事实，形成相互印证、完整稳定的证据链。严禁以威胁、引诱、欺骗及其他非法方式收集证据，严禁侮辱、打骂、虐待、体罚或者变相体罚被调查人和涉案人员。"根据这一规定，监察机关应当依照法定程序，全面、客观地收集证据，形成相互印证、完整稳定的证据链，严禁以非法方式收集证据。

第一，必须依照法定程序收集证据。这种法定程序在《监察法》有关章节中已有明确规定，如调查人员采取讯问、询问、留置、搜查、调取、查封、扣押、勘验检查等调查措施，均应当依照规定出示证件，出具书面通知，由二人以上进行，形成笔录、报告等书面材料，并由相关人员签名、盖章；调查人员进行讯问以及搜查、查封、扣押等重要取证工作，应当对全过程进行录音录像，留存备查，等等。在收集证据中，调查人员不得违背这些程序规定。

第二，要收集能够证实被调查人有无违法犯罪以及情节轻重的各种证据。也就是收集证据必须客观、全面，不能只收集一方面的证据。其中"收集"是指通过讯问被调查人、询问证人、留置、搜查、调取、查封、扣押、勘验检查等调查措施，进行调查取证。要通过客观、全面收集证据，查明违法犯罪事实，形成相互印证、完整稳定的证据链。

第三，严禁以非法方法收集证据。主要是指严禁刑讯逼供，严禁以威胁、引诱、欺骗及其他非法方式来获取证据。以刑讯逼供、威胁、引诱、欺骗方式取得的被调查人的口供，是被调查人在迫于压力或被欺骗情况下提供的，虚假的可能性非常之大，不能仅凭此就作为定案根据，否则极易造成错案。其中，刑讯逼供既包括以暴力殴打被调查人以逼取口供，也包括以冻、饿、长时间不让睡眠等虐待方法逼取口供。"不得强迫任何人证实自己有罪"是对监察机关收集口供的原则性要求，是指不得以任何强迫手段迫使任何人认罪和提供证明自己有罪的证据。实践中，讯问被调查人，对其宣讲刑事政策，宣传法律关于如实供述自己罪行可以从轻处罚的规定，通过思想工作让被调查人交代罪行，争取从宽处理，不属于强迫被调查人证实自己有罪。

64. 调查人员采取调查措施一般应当遵循哪些程序要求？

《监察法》第41条规定："调查人员采取讯问、询问、留置、搜查、调取、查封、扣押、勘验检查等调查措施，均应当依照规定出示证件，出具书面通知，由二人以上进行，形成笔录、报告等书面材料，并由相关人员签名、盖章。调查人员进行讯问以及搜查、查封、扣押等重要取证工作，应当对全过程进行录音录像，留存备查。"根据这一规定，调查人员采取讯问、询问、留置、搜查、调取、查封、扣押、勘验检查等调查措施，均应遵循出示证件等程序要求，对于讯问以及搜查、查封、扣押等重要取证工作，还应进行全程同步录音录像。这样规定的目的是为了进一步规范监察行为，依法惩治职务违法犯罪，保障人权，把监察权力关进制度的笼子，提高监察水平和办案质量。

第一，调查人员采取讯问、询问、留置、搜查、调取、查封、扣押、勘验检查等调查措施，均应遵循出示证件等程序要求。①依照规定出示证件，出具书面通知。所谓"出示证件"，是指出示能够证实调查人员身份的有效工作证件。所谓"出具书面通知"，是指出具监察机关的证明文件，即出具监察机关为开展调查活动专门开具的、载有相关调查信息的证明信。②由二人以上进行。所谓"二人以上"，也就是指调查人员不得单独开展调查活动。这样规定主要是基于如下考虑：一是调查工作的需要，有利于客观、真实获取和固定证据，二是有利于互相配合、监督，防止个人徇私舞弊或发生刑讯逼供、诱供等非法调查行为，同时也有利于防止一些被调查人诬告调查人员有人身侮辱、刑讯逼供等行为。③形成笔录、报告等书面材料，并由相关人员签名、盖章。调查人员应当将调查的情况如实地记录下来，形成笔录、报告等书面材料，写明调查的时间、地点、过程，发现的证据，提取和扣押证据的名称、数量、特征及其他有关犯罪线索等，以便存查和分析案情。笔录、报告等书面材料应当有调查人员和被调查人或其家属、邻居或者其他见证人签名或盖章，这样有利于保证其准确性、便于核查，进一步增强调查取得的证据的真实性、有效性。如果被调查人或其家属在逃或者拒绝签名盖章，应当予以注明，说明调查时的情况和表明为何没有被调查人或其家属的签名盖章，以证明调查程序的合法性。

第二，调查人员进行讯问以及搜查、查封、扣押等重要取证工作，还应当全程同步录音录像。所谓"全程同步录音录像"，是指调查人员应当对每一次讯问或重要取证工作的全过程实施不间断的录音录像。录音录像是监察机关在调查职务违法犯罪案件工作中规范调查行为、保证调查活动合法性的重要手段。录音或者录像应当符合两个要求：一是全程进行；二是保持完整。全程、完整是录音录像制度发挥其作用的前提。如果不能保证全程同步录音录像，录制设备的开启和关闭时间完全由调查人员自由掌握，录音录像就不能发挥证明作用。"全程"一般应是从被调查人进入讯问场所到结束讯问离开讯问场所，或者从调查人员开始进行重要取证工作到该项工作结束的过程。"保持完整"是从调查人员发现承办的案件属于法律规定的录音录像范围，应当对调查过程进行录音录像开始，到案件调查结束的每一次讯问或重要取证工作都要录音或者录像，要完整、不间断地记录每一次讯问过程，不可作剪接、删改。

65. 《监察法》针对严格执行调查方案有何规定?

《监察法》第42条规定："调查人员应当严格执行调查方案，不得随意扩大调查范围、变更调查对象和事项。对调查过程中的重要事项，应当集体研究后按程序请示报告。"根据这一规定，调查人员必须严格执行调查方案，不得随意扩大或变更，遇有重要事项，应当严格执行请示报告制度。

第一，严格执行调查方案。调查方案是监察机关主要负责人在依法批准立案后，主持召开专题会议研究确定并依法批准的，其中确定了调查范围、调查对象和事项等内容，调查人员必须严格执行。在具体调查过程中，调查人员不得随意扩大调查范围、变更调查对象和事项，如在对监察对象受贿案件的调查中，擅自将调查范围扩大到监察对象可能存在的滥用职权行为，或者在对监察对象甲的调查中，擅自将调查对象变更为监察对象乙。这样规定既是构建集中统一、权威高效的国家监察体制的需要，也是建设忠诚、干净、担当的监察干部队伍的需要。监察机关是行使国家监察职能的专责机关，案件调查是监察机关的一项重要权力，也是最容易出问题的环节之一。实践证明，在案件调查中，调查人员并无天然的免疫力，如没有严格的制度制约，就会造成管理漏洞，产生监督盲区。因此，必须找准风险点，扎紧制度篱笆，以此表明监察机关的权力是有监督的，调查人员是有严格法律约束的。

第二，严格执行请示报告制度。对调查过程中的重要事项，应当集体研究后按程序请示报告。所谓"调查过程中的重要事项"，是指与调查活动有重要关系或者对调查进行有重要影响的事项，比如调查方案根据实际情况确需进行调整，调查措施确需进行变更，重要的信息查询、涉案款物处置等事项需要审批，等等。针对这些重要事项，必须经过集体研究后按程序请示报告。这样规定是规范审批权限，将监察权力关进制度笼子的需要。《监察法》紧扣监督调查工作流程，严格规范立案条件、调查程序、审批权限和请示报告制度，特别是规范了监察机关主要负责人的审批权限：规定初核情况报告和分类处理意见报监察机关主要负责人审批，规定监察机关主要负责人依法批准立案后应当主持召开专题会议、研究确定调查方案、决定需要采取的调查措施等。这就要求找准风险点和薄弱环节，规范调查人员的调查行为，落实请示报告制度，严格工作规程，加强监督管理。对不担当、不负责的要调整岗位，对不忠诚、不干净的要严肃查处，对失职失责造成严重后果的，要追究当事人的相关责任。因此，请示报告绝不是一般的工作程序问题，而是政治立场、政治纪律问题。具体到案件调查，调查方案执行情况特别是调查过程中的重要事项，要事先报告，之后再正式行文请示。决不能先斩后奏，更不能搞倒逼、"反管理"，把事情办得差不多了，甚至已经既成事实了，再往上一端。遇有重要事项，不仅要报告结果，也要报告过程，这样才能有"领"有"导"。这既是讲政治的具体体现，也是工作程序，更是一项基础性工作。

66. 监察机关采取留置措施的审批程序和期限要求是怎样的？

《监察法》第43条规定："监察机关采取留置措施，应当由监察机关领导人员集体研究决定。设区的市级以下监察机关采取留置措施，应当报上一级监察机关批准。省级监察机关采取留置措施，应当报国家监察委员会备案。留置时间不得超过三个月。在特殊情况下，可以延长一次，延长时间不得超过三个月。省级以下监察机关采取留置措施的，延长留置时间应当报上一级监察机关批准。监察机关发现采取留置措施不当的，应当及时解除。监察机关采取留置措施，可以根据工作需要提请公安机关配合。公安机关应当依法予以协助。"《监察法》将留置明确为监察机关调查严重职务违法和职务犯罪的重要手段，用留置取代"两规"，并对留置的审批程序和适用期限等作出严格限制，有助于进一步推动反腐败工作法治化，保障监察权的正确行使。

第一，采取留置措施应当履行严格的审批程序。纪检监察机关一直以来对严格程序高度重视，《监察法》吸收了这一经验，专设"监察程序"一章，明确监察机关严格按照程序开展工作，并对监察机关履行职责的各个环节作出了一系列程序性规定，尤其是对留置的审批程序规定极其严格：监察机关采取留置措施，应当由监察机关领导人员集体研究决定。设区的市级以下监察机关采取留置措施，应当报上一级监察机关批准。省级监察机关采取留置措施，应当报国家监察委员会备案。

第二，采取留置措施应当遵守严格的期限要求。留置时间不得超过三个月。在特殊情况下，可以延长一次，延长时间不得超过三个月。省级以下监察机关采取留置措施的，延长留置时间应当报上一级监察机关批准。也就是说，在特殊情况下，留置时间最长也不得超过六个月，适用期限更加严格。《监察法》第60条还规定，留置法定期限届满，监察机关及其工作人员不予以解除的，被调查人及其近亲属有权向该机关申诉。受理申诉的监察机关应当在受理申诉之日起一个月内作出处理决定。申诉人对处理决定不服的，可以在收到处理决定之日起一个月内向上一级监察机关申请复查，上一级监察机关应当在收到复查申请之日起二个月内作出处理决定，情况属实的，及时予以纠正。这就意味着基础工作不扎实，就不能采取留置措施。

第三，采取留置措施可以提请公安机关配合。监察机关采取留置措施，可以根据工作需要提请公安机关配合。公安机关应当依法予以协助。这也是监察机关与审判机关、检察机关、执法部门互相配合、互相制约原则的具体体现。《监察法》第4条明确规定，监察机关办理职务违法和职务犯罪案件，应当与审判机关、检察机关、执法部门互相配合，互相制约，监察机关在工作中需要协助的，有关机关和单位应当根据监察机关的要求依法予以协助。

第四，解除留置措施应当履行相应的审批程序。具有下列情形之一的，监察机关应当及时办理解除留置手续：采取留置措施不当的；移送审查起诉的；留置期限届满的；被留置人员职务犯罪行为轻微或不构成职务犯罪，不需要继续采取留置措施的；其他应当解除留置措施的情形。对需要解除留置措施的，案件调查部门应当及时提出解除留置措施的意见并报监察机关主要负责人审批，填写《解除留置决定书》送达留置执行单位。

67. 监察机关应当如何保障被留置人员的合法权利?

《监察法》第44条规定："对被调查人采取留置措施后，应当在二十四小时以内，通知被留置人员所在单位和家属，但有可能毁灭、伪造证据，干扰证人作证或者串供等有碍调查情形的除外。有碍调查的情形消失后，应当立即通知被留置人员所在单位和家属。监察机关应当保障被留置人员的饮食、休息和安全，提供医疗服务。讯问被留置人员应当合理安排讯问时间和时长，讯问笔录由被讯问人阅看后签名。被留置人员涉嫌犯罪移送司法机关后，被依法判处管制、拘役和有期徒刑的，留置一日折抵管制二日，折抵拘役、有期徒刑一日。"根据这一规定，并结合《监察法》其他相关条款的规定，监察机关应当从以下几方面保障被留置人员的合法权利。

第一，及时告知被留置人员本人并通知其所在单位和家属。监察机关调查人员应当向被留置人员宣布留置决定，出具有效证件和《留置决定书》，要求被留置人员在《留置决定书》上签名。采取留置措施后，除有可能毁灭、伪造证据，干扰证人作证或者串供等有碍调查情形的，应当在二十四小时以内，通知被留置人员所在单位和家属。有碍调查的情形消失后，应当立即通知被留置人员所在单位和家庭。及时告知被留置人员本人并通知其所在单位和家属，既是保障被留置人员及其所在单位和家属知情权的重要途径，也是保障他们行使申诉权等合法权利的必要条件。根据《监察法》第 60 条的规定，留置法定期限届满，监察机关及其工作人员不予以解除的，被调查人及其近亲属有权向该机关申诉。

第二，留置措施应在专门场所实施，并保障被留置人员的饮食、休息和安全，提供医疗服务。留置措施应当在专门场所实施，留置场所的设置、管理和监督依照国家有关规定执行。实践中，调查人员将被留置人员带至实施场所，由医务人员进行身体检查后，办理入住手续，调查人员向被留置人员宣布决定和纪律要求。监察机关应当保障被留置人员的饮食、休息和安全，提供医疗服务。除因辨认、提取证据、外出就医等经监察机关主要负责人批准的除外，不得擅自将被留置人员带离留置场所。监察机关及其工作人员违反规定采取留置措施的，对负有责任的领导人员和直接责任人员依法给予处理。

第三，讯问严格按照法定程序进行。留置期间的讯问，应当在留置场所的专门讯问室内进行。每一次讯问应当在讯问单上登记。应当合理安排讯问时间和时长。讯问笔录由被讯问人阅看后签名。讯问应当实行全程同步录音录像，即讯问被调查人时，应当对每一次讯问的全过程实施不间断的录音录像并保持其完整性，不得选择性录制，不得剪接、删改。此外，讯问录音录像实行讯问人员和录制人员相分离的原则，讯问由监察人员负责，不得少于二人，录音、录像应当由相关技术人员负责。

第四，留置期限依法折抵刑期。被留置人员涉嫌犯罪移送司法机关后，被依法判处管制、拘役和有期徒刑的，留置一日折抵管制二日，折抵拘役、有期徒刑一日。

68. 监察机关根据监督、调查结果，可以作出哪些处置决定？

《监察法》第45条规定了监察机关根据监督、调查结果，针对不同情形可以作出五种处置：谈话提醒、批评教育、责令检查或者予以诫勉，作出政务处分决定，作出问责决定或提出问责建议，移送检察机关依法审查、提起公诉，提出监察建议。监察机关经过调查，对没有证据证明被调查人存在违法犯罪行为的，应当撤销案件，并通知被调查人所在单位。

第一，谈话提醒、批评教育、责令检查或者予以诫勉。对有职务违法行为但情节较轻的公职人员，监察机关按照管理权限，直接或者委托有关机关、人员对其进行谈话提醒、批评教育、责令检查，或者予以诫勉。需要注意的是，谈话提醒和诫勉谈话虽然都是针对有职务违法行为但情节较轻的公职人员的一种处理方式，但二者又有所不同。谈话提醒主要是针对苗头性和倾向性问题的处理方式，而予以诫勉是一种问责方式，诫勉谈话是以谈话的方式进行诫勉。

第二，作出政务处分决定。对违法的公职人员，监察机关依照法定程序作出警告、记过、记大过、降级、撤职、开除等政务处分决定。根据《监察法》第12条的规定，监察机关对公职人员的监督可以通过向有关单位派驻或者派出监察机构、监察专员来实现。实践中，派驻监察机构按照干部管理权限，对公职人员作出政务处分决定，一般遵循以下程序：①完成调查和审理工作后，经研究提出（拟定）政务处分意见。②作出政务处分决定前，应征求被监督单位意见，并区别不同情况处理：被监督单位无异议且拟作出警告、记过、记大过、降级处分的，报派出机关备案后，直接作出处分决定；被监督单位有异议或者拟作出撤职、开除公职处分的，报派出机关批准后，由派驻监察机构作出处分决定。

派驻监察机构进行政务处分的主要依据是：①监察对象为行政机关公务员的，依照《公务员法》、《行政机关公务员处分条例》及其他有关规定执行。②监察对象为党的机关、人大机关、政协机关、各民主党派和工商联机关公务员的，依据《关于党的机关、人大机关、政协机关、各民主党派和工商联机关公务员参照执行

〈行政机关公务员处分条例〉的通知》要求，按照《公务员法》的有关规定，参照《行政机关公务员处分条例》执行。③监察对象为审判机关、检察机关公务员的，依照《公务员法》、《法官法》、《检察官法》等有关规定执行。④监察对象为参照公务员法管理的人员的，参照《行政机关公务员处分条例》执行。⑤监察对象为事业单位工作人员的，对于其中参照公务员法管理的，参照《行政机关公务员处分条例》执行；对于其他事业单位工作人员，依照《事业单位工作人员处分暂行规定》执行。

第三，作出问责决定或提出问责建议。对不履行或者不正确履行职责负有责任的领导人员，监察机关按照管理权限对其直接作出问责决定，或者向有权作出问责决定的机关提出问责建议。根据2009年中共中央办公厅、国务院办公厅印发的《关于实行党政领导干部问责的暂行规定》，对党政领导干部实行问责的情形主要包括：决策严重失误，造成重大损失或者恶劣影响的；因工作失职，致使本地区、本部门、本系统或者本单位发生特别重大事故、事件、案件，或者在较短时间内连续发生重大事故、事件、案件，造成重大损失或者恶劣影响的；政府职能部门管理、监督不力，在其职责范围内发生特别重大事故、事件、案件，或者在较短时间内连续发生重大事故、事件、案件，造成重大损失或者恶劣影响的；在行政活动中滥用职权，强令、授意实施违法行政行为，或者不作为，引发群体性事件或者其他重大事件的；对群体性、突发性事件处置失当，导致事态恶化，造成恶劣影响的；违反干部选拔任用工作有关规定，导致用人失察、失误，造成恶劣影响的；其他给国家利益、人民生命财产、公共财产造成重大损失或者恶劣影响等失职行为的。对党政领导干部实行问责的方式分为：责令公开道歉、停职检查、引咎辞职、责令辞职、免职。引咎辞职、责令辞职、免职的党政领导干部，一年内不得重新担任与其原任职务相当的领导职务。

第四，移送检察机关依法审查、提起公诉。对涉嫌职务犯罪的，监察机关经调查认为犯罪事实清楚，证据确实、充分的，制作起诉意见书，连同案卷材料、证据一并移送人民检察院依法审查、提起公诉。监察机关调查职务违法和职务犯罪适用《监察法》，案件移送检察机关后适用《刑事诉讼法》。

第五，提出监察建议。这一处置措施是针对监察对象所在的单位，监察机关可以根据监督、调查结果对监察对象所在单位廉政建设和履行职责存在的问题等提出监察建议。运用好监察建议这一措施，有利于充分发挥监察机关的监督职能，加强对行政权力的监督与制约，深入推进有关单位的廉政勤政建设。

除了上述五种处置决定以外，监察机关经调查，对没有证据证明被调查人存在违法犯罪行为的，应当撤销案件，并通知被调查人所在单位。

69. 对违法取得的财物和涉嫌犯罪取得的财物，监察机关应当如何处置？

对于被调查人财物的处置，《监察法》第46条规定："监察机关经调查，对违法取得的财物，依法予以没收、追缴或者责令退赔；对涉嫌犯罪取得的财物，应当随案移送人民检察院。"这实际上根据调查结果对被调查人财物分为两种情形予以处置：

第一，确定被调查人违法的，监察机关对违法取得的财物，依法予以没收、追缴或者责令退赔。只要监察机关确定被调查人构成违法行为，对被调查人予以政务处分和问责等，就可以同时对被调查人违法取得的财物，依法予以没收、追缴或者责令退赔。

第二，对于被调查人涉嫌职务犯罪，对涉嫌犯罪取得的财物，监察机关应当随案移送人民检察院。这是因为涉嫌犯罪取得的财物，应当通过正常刑事审判程序在确定犯罪嫌疑人定罪量刑时才可确定涉案财物的定性和处置。根据我国《刑法》的规定，在对犯罪嫌疑人定罪量刑后，对涉案财物的定性和处置可能包括两种情况。一是处以没收财产的刑罚。《刑法》第59条规定："没收财产是没收犯罪分子个人所有财产的一部或者全部。没收全部财产的，应当对犯罪分子个人及其扶养的家属保留必需的生活费用。"二是强制性没收。《刑法》第64条规定："犯罪分子违法所得的一切财物，应当予以追缴或者责令退赔；对被害人的合法财产，应当及时返还；违禁品和供犯罪所用的本人财物，应当予以没收。没收的财物和罚金，一律上缴国库，不得挪用和自行处理。"

需要指出的是，《监察法》第46条规定的监察机关没收被调查人违法所得不同于第48条规定的被调查人逃匿或者死亡时没收被调查人违法所得。《监察法》第46条规定的监察机关没收被调查人违法所得，是指监察机关根据调查情况已经对被调查人行为作出调查结论，被调查人构成违法，此时一并没收被调查人的违法所得。《监察法》第48条规定的被调查人逃匿或者死亡时没收被调查人违法所得，是指监察机关调查贪污贿赂、失职渎职等职务犯罪案件时，被调查人逃匿，在通缉一年后不能到案，或者死亡的，由监察机关提请人民检察院依照法定程序通过向人民法院申请而没收被调查人违法所得。《监察法》第48条规定的违法所得没收程序，是一种独立的没收法律机制，这种机制是在被调查人不在案的情形下，把刑事定罪和财产没收予以分离，将财产没收作为一种独立措施的法律制度。

70. 对于监察机关移送的案件，检察机关在何种条件下可以作出起诉决定？

对监察机关移送的案件，《监察法》第47条第2款规定："人民检察院经审查，认为犯罪事实已经查清，证据确实、充分，依法应当追究刑事责任的，应当作出起诉决定。"根据《监察法》和《刑事诉讼法》的规定，监察机关调查职务违法和职务犯罪适用《监察法》，案件移送检察机关后适用《刑事诉讼法》，因此《监察法》第47条关于人民检察院提起公诉条件的规定与《刑事诉讼法》第172条的规定保持一致，即"犯罪事实已经查清，证据确实、充分，依法应当追究刑事责任的"，在满足这些条件的情况下，人民检察院应当作出起诉决定，按照审判管辖的规定，向人民法院提起公诉，并将案卷材料、证据移送人民法院。具体来讲，提起公诉的条件包括以下三个方面：

第一，犯罪嫌疑人的犯罪事实已经查清。"犯罪事实"指与犯罪嫌疑人定罪量刑有关的事实、情节，具体包括：犯罪嫌疑人的身份情况，被指控的犯罪行为是否存在，被指控的行为是否是犯罪嫌疑人所实施，犯罪嫌疑人有无罪过，犯罪行为的动机、目的，犯罪行为实施的时间、地点、手段、后果以及其他情节，犯罪嫌疑人在共同犯罪中的作用、地位，犯罪嫌疑人的行为有无法定或酌定从重、从轻、减轻处罚或者免除处罚的情节以及其他影响定罪量刑的事实。具备以下情形之一的，可以确认犯罪事实已经查清：①属于单一罪行的案件，查清的事实足以定罪量刑或者与定罪量刑有关的事实已经查清，但不影响定罪量刑的事实无法查清的；②属于数个罪行的案件，部分罪行已经查清并符合起诉条件，其他罪行无法查清的；③作案工具无法起获或者赃物去向不明，但有其他证据足以对犯罪嫌疑人定罪量刑的；④证人证言、犯罪嫌疑人的供述和辩解、被害人陈述的内容中主要情节一致，只有个别情节不一致且不影响定罪的。对于符合第②项情形的，应当以已经查清的罪行起诉。

第二，证据确实、充分。根据《刑事诉讼法》第53条第2款的规定，证据确实、充分，应当符合以下条件：定罪量刑的事实都有证据证明；据以定案的证据均经法定程序查证属实；综合全案证据，对所认定事实已排除合理怀疑。所谓"对所认定事实已排除合理怀疑"，主要是指全案的证据与证据之间、证据与案件事实之间不存在矛盾或者矛盾得以合理排除。

第三，依法应当追究刑事责任。这是指满足我国《刑法》的规定，犯罪嫌疑人有刑事责任能力，应当对犯罪嫌疑人判处刑罚，主要是指不存在《刑事诉讼法》第15条规定的情形。《刑事诉讼法》第15条规定："有下列情形之一的，不追究刑事责任，已经追究的，应当撤销案件，或者不起诉，或者终止审理，或者宣告无罪：（一）情节显著轻微、危害不大，不认为是犯罪的；（二）犯罪已过追诉时效期限的；（三）经特赦令免除刑罚的；（四）依照刑法告诉才处理的犯罪，没有告诉或者撤回告诉的；（五）犯罪嫌疑人、被告人死亡的；（六）其他法律规定免予追究刑事责任的。"

对于同时符合上述三方面条件的，人民检察院应当制作起诉书，按照审判管辖的规定，向有管辖权的人民法院起诉，并将案卷材料、证据移送人民法院。需要指出的是，根据《监察法》第47条第1款，对监察机关移送的案件，人民检察院依照《刑事诉讼法》对被调查人采取强制措施。监察机关调查职务违法和职务犯罪适用《监察法》，案件移送检察机关后适用《刑事诉讼法》，监察机关在调查阶段对被调查人采取的是留置措施，案件移送检察机关后，检察机关要依照《刑事诉讼法》对被调查人采取强制措施。

71. 对于监察机关移送的案件，检察机关认为需要补充核实的，应当如何处理？

对监察机关移送的案件，《监察法》第47条第3款规定："人民检察院经审查，认为需要补充核实的，应当退回监察机关补充调查，必要时可以自行补充侦查。对于补充调查的案件，应当在一个月内补充调查完毕。补充调查以二次为限。"该规定贯彻了检察机关独立行使检察权的基本原则，《刑事诉讼法》规定"人民检察院依照法律规定独立行使检察权"、"凡需要提起公诉的案件，一律由人民检察院审查决定"。"需要补充核实"主要是指犯罪事实不清、证据不足，或者有遗漏罪行和其他需要追究刑事责任的人，可能影响对犯罪嫌疑人定罪量刑的情况。此时，人民检察院有两种处理方式，一是退回监察机关补充调查，二是必要时可以自行补充侦查。"退回监察机关补充调查"，是指将案件退回监察机关，一般会列明补充调查的事项及说明，供监察机关参照而进一步调查收集证据。"必要时可以自行补充侦查"，是指人民检察院认为必要时，主要是认为自己有能力或者自行侦查更有利于案件处理的，可以不退回监察机关，由自己调查收集证据。

人民检察院审查监察机关移送的案件，根据《刑事诉讼法》第168条的规定，主要包括以下几个方面：犯罪事实、情节是否清楚，证据是否确实、充分，犯罪性质和罪名的认定是否正确；有无遗漏罪行和其他应当追究刑事责任的人；是否属于不应追究刑事责任的；有无附带民事诉讼；侦查活动是否合法。其中第五个方面，对于监察机关来说，就是调查活动是否合法。

对于"犯罪事实、情节是否清楚"，是指要查清与犯罪嫌疑人定罪量刑有关的事实、情节，包括犯罪嫌疑人实施犯罪行为的过程、情形和后果。查明犯罪事实、情节是否清楚，必须查明犯罪的时间、地点、手段、后果、因果关系及犯罪的动机、目的等。

对于"证据是否确实、充分"，是指要查清证据是否客观真实，能否形成完整的证据链条，足以证实调查终结认定的犯罪事实和情节。根据《刑事诉讼法》第53条第2款的规定，证据确实、充分，应当符合以下条件：定罪量刑的事实都有证据证明；据以定案的证据均经法定程序查证属实；综合全案证据，对所认定事实已排除合理怀疑。

对于"犯罪性质和罪名的认定是否正确"，是指要根据《刑法》审查对犯罪嫌疑人是否构成犯罪、构成何种罪名以及罪行轻重的认定。正确适用法律，准确认定犯罪性质，才能正确定罪量刑，对犯罪性质和罪名的认定是人民检察院审查起诉的一项重要内容。

对于"有无遗漏罪行"，是指有没有应当发现而没有发现，或者应当认定而没有认定的犯罪嫌疑人的罪行，即有无漏罪。

对于"其他应当追究刑事责任的人"，是指要审查除已被移送审查起诉的犯罪嫌疑人以外，其他应当追究刑事责任的公民或单位。

对于"是否属于不应追究刑事责任的"，主要是审查是否构成不应追究刑事责任的情形，主要包括：犯罪嫌疑人没有犯罪事实的；根据《刑事诉讼法》第15条的规定，不追究刑事责任的，如犯罪已过追诉时效期限的，犯罪嫌疑人、被告人死亡的等人民检察院审查发现有上述情形之一的，应当依法作出不起诉的决定。

对于"有无附带民事诉讼"，主要是审查被害人、相关受害人提起附带民事诉讼的情况，也包括人民检察院需提起附带民事诉讼的情况。

对于"调查活动是否合法"，主要是指人民检察院通过审查案卷材料、提审犯罪嫌疑人、询问证人等活动，了解调查活动是否按法律规定的原则和程序进行，有无违法情况，包括是否违反法定程序的情况；在调查活动中是否侵犯了被调查人及相关人员的诉讼权利和其他合法权益；调查人员有无违法乱纪的行为等。人民检察院经审查，发现确有上述行为之一的，应当通知有关机关予以纠正。

对检察机关退回补充调查案件，监察机关应根据检察机关提出的补充调查提纲和收集证据的清单，区分不同情况，经本级监察委员会主要负责人批准后，作出如下处理：

（1）原调查认定的基本犯罪事实清楚、证据不够充分的，应当补充证据，制作补充调查报告书，移送检察机关审查；对于无法补充的证据，应当写明理由。

（2）在补充调查过程中，发现新的同案犯或新的罪行，需要追究刑事责任的，应当重新制作移送审查起诉书，移送检察机关审查。

（3）发现原认定的犯罪事实有重大变化，不应当追究刑事责任的，应当重新提出处理意见，并将处理结果通知退查的检察机关。

（4）发现原认定的犯罪事实有重大变化，应当改变罪名或增减犯罪事实的，应当重新提出处理意见，重新移送检察机关审查。

（5）原认定犯罪事实清楚，证据确实、充分，监察机关补充调查决定不当的，应当说明理由，移送检察机关审查。

对于补充调查的案件，《监察法》第47条第3款明确规定补充调查的时间限制和次数限制，补充调查应当在一个月内完成，补充调查以二次为限。补充调查的期间从调查机关接到补充调查的案件第二日起计算。

72. 对于监察机关移送的案件，检察机关在何种条件下可以作出不起诉决定？

《监察法》第47条第4款规定："人民检察院对于有《中华人民共和国刑事诉讼法》规定的不起诉的情形的，经上一级人民检察院批准，依法作出不起诉的决定。监察机关认为不起诉的决定有错误的，可以向上一级人民检察院提请复议。"对于监察机关移送的案件，人民检察院在满足两个条件的情况下可以作出不起诉的决定，一是有《刑事诉讼法》规定的不起诉的情形，二是经上一级人民检察院批准。对于不起诉的情形，《刑事诉讼法》第173条规定了"法定不起诉"和"酌定不起诉"两种情形。

所谓"法定不起诉"，是指《刑事诉讼法》第173条第1款的规定："犯罪嫌疑人没有犯罪事实，或者有本法第十五条规定的情形之一的，人民检察院应当作出不起诉决定。"此时人民检察院应当作出不起诉决定，没有自由裁量的余地，主要包括以下情形：①犯罪嫌疑人没有犯罪事实的。这包括没有犯罪事实和犯罪事实并非犯罪嫌疑人所为两种情况。②犯罪嫌疑人行为违法但不构成犯罪的。即《刑事诉讼法》第15条规定的第一种情形：情节显著轻微、危害不大，不认为是犯罪的。③已经构成犯罪，但是法律规定免予追究刑事责任的。即《刑事诉讼法》第15条规定的其他五种情形：犯罪已过追诉时效期限的；经特赦免除刑罚的；依照刑法告诉才处理的犯罪，没有告诉或者撤回告诉的；犯罪嫌疑人、被告人死亡的；其他法律规定免予追究刑事责任的。

所谓"酌定不起诉"，是指《刑事诉讼法》第173条第2款的规定："对于犯罪情节轻微，依照刑法规定不需要判处刑罚或者免除刑罚的，人民检察院可以作出不起诉决定。"酌定不起诉是人民检察院行使自由裁量权的体现。只有同时具备"犯罪情节轻微"和"依照刑法规定不需要判处刑罚或者免除刑罚"两个条件时，人民检察院才可以作出不起诉决定。"犯罪情节轻微"，主要是指依照刑法有关规定，被不起诉人的行为事实上触犯刑法，但从犯罪动机、手段、危害后果、犯罪后的态度等情节综合分析，认为不需要判处刑罚或者免除刑罚的。"依照刑法规定不需要判处刑罚或者免除刑罚"，是指《刑法》明确规定的应当或者可以免除刑罚的情况。如《刑法》第27条规定，对于从犯，应当从轻、减轻处罚或者免除处罚。

除"法定不起诉"和"酌定不起诉"之外，人民检察院在证据不足的情况下也可以作出"证据不足不起诉"的决定。对于人民检察院作出的不起诉决定，监察机关认为不起诉的决定有错误的，根据《监察法》规定，可以向上一级人民检察院提请复议。监察机关接到不起诉决定书后，认为不起诉理由不成立，应当追究犯罪嫌疑人的刑事责任的，或者同意不追究犯罪嫌疑人的刑事责任，但是认为人民检察院作出不起诉的事实或者法律根据有错误的，可以向上一级人民检察院提请复议。

根据《刑事诉讼法》的规定，不起诉的决定，应当公开宣布，并且将不起诉决定书送达被不起诉人和他的所在单位。如果被不起诉人在押，应当立即释放。人民检察院决定不起诉的案件，应当同时对侦查中查封、扣押、冻结的财物解除查封、扣押、冻结。对被不起诉人需要给予行政处罚、行政处分或者需要没收其违法所得的，人民检察院应当提出检察意见，移送有关主管机关处理。有关主管机关应当将处理结果及时通知人民检察院。

73. 贪污贿赂、失职渎职等职务犯罪案件，被调查人逃匿、失踪或者死亡的，监察机关在何种情况下应当继续调查？

对于监察机关调查的贪污贿赂、失职渎职等职务犯罪案件，被调查人逃匿或者死亡的，《监察法》第48条规定了继续调查被调查人的程序："监察机关在调查贪污贿赂、失职渎职等职务犯罪案件过程中，被调查人逃匿或者死亡，有必要继续调查的，经省级以上监察机关批准，应当继续调查并作出结论。"根据《刑事诉讼法》第15条的规定，当出现犯罪嫌疑人、被告人死亡情形时，不再追究刑事责任，已经追究的，应当撤销案件，或者不起诉，或者终止审理，或者宣告无罪。但为了加大对贪污贿赂、失职渎职等职务犯罪的打击力度，深入推进反腐败斗争，《监察法》规定了被调查人逃匿或者死亡时的继续调查程序，即使被调查人逃匿到国（境）外，根据《监察法》第52条的规定，对于重大贪污贿赂、失职渎职等职务犯罪案件，被调查人逃匿到国（境）外，只要掌握证据比较确凿的，监察机关也要通过开展境外追逃工作，将被调查人追捕归案。

继续调查程序包括以下几个方面：调查贪污贿赂、失职渎职等职务犯罪案件的监察机关认为有必要继续调查时，向省级以上监察机关提出申请；省级以上监察机关批准之后，负责调查的监察机关继续调查；负责调查的监察机关根据调查结果作出调查结论。调查结论包括根据《监察法》第 45 条对不同情形的调查结果依法作出不同的处置。例如对于逃匿的违法的公职人员，可以依照法定程序作出警告、记过、记大过、降级、撤职、开除等政务处分决定；对不履行或者不正确履行职责负有责任的领导人员，按照管理权限对其直接作出问责决定，或者向有权作出问责决定的机关提出问责建议；对监察对象所在单位廉政建设和履行职责存在的问题等提出监察建议。

从 2015 年起，我国持续开展"天网"行动，向全球外逃腐败分子撒下天罗地网。"天网"行动发展至今，由多个专项行动组成，包括公安部牵头开展猎狐专项行动，重点缉捕外逃职务犯罪嫌疑人和腐败案件重要涉案人；最高人民检察院牵头开展职务犯罪国际追逃追赃专项行动，重点抓捕潜逃境外的职务犯罪嫌疑人；中央组织部会同公安部开展治理违规办理和持有因私出入境证照专项行动，重点对领导干部违规办理和持有证照情况进行清查处理；人民银行会同公安部开展打击利用离岸公司和地下钱庄向境外转移赃款专项行动，重点对地下钱庄违法犯罪活动，利用离岸公司账户、非居民账户等协助他人跨境转移赃款等进行集中打击；2017 年还增加了适用犯罪嫌疑人、被告人逃匿案件违法所得没收程序追赃专项行动。

截至 2017 年 2 月，我国已与 5 大洲 70 个国家缔结司法协助条约、资产返还和分享协定、引渡条约和打击"三股势力"协定共135 项（108 项生效），其中与 30 多个国家缔结了双边引渡条约。通过这些专项行动和国际合作，我国反腐败国际追逃追赃工作取得显著成效。数据显示，仅 2017 年以来，共追回外逃人员 1300名，其中党员和国家工作人员 347 人，包括"百名红通人员"14名，追赃金额 9.8 亿元人民币，追逃追赃工作取得了政治、外交、反腐、社会综合效应。

74. 贪污贿赂、失职渎职等职务犯罪案件，被调查人逃匿、失踪或者死亡的，监察机关应当如何处理被调查人的违法所得？

对于监察机关调查的贪污贿赂、失职渎职等职务犯罪案件，被调查人逃匿或者死亡的，《监察法》第 48 条规定了没收被调查人违法所得的程序："被调查人逃匿，在通缉一年后不能到案，或者死亡的，由监察机关提请人民检察院依照法定程序，向人民法院提出没收违法所得的申请。"这一违法所得没收程序，是一种独立的没收法律机制，这种机制是在犯罪嫌疑人不在案的情形下，把刑事定罪和资产没收予以分离，将资产没收作为一种独立措施的法律制度，也是《联合国反腐败公约》所倡导的做法。这一机制最早写入我国法律，是《刑事诉讼法》第五编第三章规定的"犯罪嫌疑人、被告人逃匿、死亡案件违法所得的没收程序"。

《监察法》规定的没收违法所得程序包括以下两个方面：①在贪污贿赂、失职渎职等职务犯罪案件中，被调查人逃匿，在通缉一年后不能到案，或者死亡的，由监察机关提出申请启动这一程序；②监察机关只能通过人民检察院依照法定程序向人民法院提出没收违法所得的申请。违法所得的没收程序具体规定在《刑事诉讼法》第281条至第283条。其中第281条规定了违法所得没收程序的审判管辖、审判组织、公告程序与审理程序：没收违法所得的申请，由犯罪地或者犯罪嫌疑人、被告人居住地的中级人民法院组成合议庭进行审理。人民法院受理没收违法所得的申请后，应当发出公告。公告期间为六个月。犯罪嫌疑人、被告人的近亲属和其他利害关系人有权申请参加诉讼，也可以委托诉讼代理人参加诉讼。人民法院在公告期满后对没收违法所得的申请进行审理。利害关系人参加诉讼的，人民法院应当开庭审理。

第282条规定了违法所得没收裁定的作出与救济：人民法院经审理，对经查证属于违法所得及其他涉案财产，除依法返还被害人的以外，应当裁定予以没收；对不属于应当追缴的财产的，应当裁定驳回申请，解除查封、扣押、冻结措施。对于人民法院依照前款规定作出的裁定，犯罪嫌疑人、被告人的近亲属和其他利害关系人或者人民检察院可以提出上诉、抗诉。

第283条规定了没收违法所得程序的终止审理与错误没收时的返还与赔偿：在审理过程中，在逃的犯罪嫌疑人、被告人自动投案或者被抓获的，人民法院应当终止审理。没收犯罪嫌疑人、被告人财产确有错误的，应当予以返还、赔偿。

75. 监察对象对监察机关涉及本人的处理决定不服的，应当如何申请救济？

《监察法》第49条规定："监察对象对监察机关作出的涉及本人的处理决定不服的，可以在收到处理决定之日起一个月内，向作出决定的监察机关申请复审，复审机关应当在一个月内作出复审决定；监察对象对复审决定仍不服的，可以在收到复审决定之日起一个月内，向上一级监察机关申请复核，复核机关应当在二个月内作出复核决定。复审、复核期间，不停止原处理决定的执行。复核机关经审查，认定处理决定有错误的，原处理机关应当及时予以纠正。"监察机关对监察对象的处理决定，涉及监察对象的切身利益，警告、记过、记大过、降级、撤职、开除等政务处分决定和问责决定都会对监察对象的职务和晋升产生重大影响。比如根据《公务员法》的规定，公务员在受处分期间不得晋升职务和级别，其中受记过、记大过、降级、撤职处分的，不得晋升工资档次。受处分的期间为：警告，六个月；记过，十二个月；记大过，十八个月；降级、撤职，二十四个月。受撤职处分的，按照规定降低级别。在这种情况下，《监察法》赋予了监察对象申请复审或者复核的权利，通过法定程序来确保监察对象的合法权益不受侵害。

这种复审或者复核程序是《监察法》专门针对政务处分决定

等监察处理决定规定的救济程序，是一种不同于行政复议程序的特别救济程序。根据《行政复议法》的规定，"不服行政机关作出的行政处分或者其他人事处理决定的，依照有关法律、行政法规的规定提出申诉"，即我国行政机关等在内部人事管理活动中针对公务员等作出的内部人事处理决定，其救济不适用《行政复议法》的规定。这是因为政务处分以及其他人事处理决定属于行政机关的内部行政行为，而《行政复议法》的目的是解决行政机关在行使行政权的过程中与行政相对人之间产生的行政争议，是为行政相对人提供的针对外部行政行为的救济途径，外部行政行为引起的争议与内部行政行为引起的争议在性质、内容等方面都有所不同，因此我国规定政务处分和其他人事处理决定适用行政复议之外的特别救济程序。

监察对象对监察机关处理决定不服的，可以在收到处理决定之日起一个月内，向作出决定的监察机关申请复审，作出决定的监察机关应当在一个月内作出复审决定，复审发现决定有误的，应该及时予以纠正。如果监察对象对作出决定的监察机关的复审决定仍不服，还可以在收到复审决定之日起一个月内，向上一级监察机关申请复核，复核机关应当在二个月内作出复核决定。复核机关经审查，认定处理决定有错误的，应当及时通知原处理机关，原处理机关应当及时予以纠正。需要指出的是，在作出决定的监察机关复审或者上一级监察机关复核期间，不停止原处理决定的执行。

76. 国家监察委员会在反腐败国际合作方面应当履行哪些职责?

根据《监察法》第 50 条规定,国家监察委员会在反腐败国际合作方面有两方面职责:一是统筹协调与其他国家、地区、国际组织开展的反腐败国际交流、合作,二是组织反腐败国际条约实施工作。反腐败国际合作按照合作范围和区域可以划分为国际性合作、区域性合作和双边性合作三个层面,主要体现为全球性组织、各种区域性组织和双边关系国家通过的各项公约、协议、条约以及会议决议等。近年来,我国大力推进反腐败国际合作,在这三个层面都取得了不小的成绩,积累了不少经验,为国家监察委员会组织反腐败国际条约实施工作、开展反腐败国际交流合作奠定了良好的基础。这些工作表明了我国坚决反腐的态度,腐败分子即使逃到天涯海角,也一定会被绳之以法,决不可能逍遥法外。

在联合国层面,我国已经加入了《联合国反腐败公约》以及《联合国打击跨国有组织犯罪公约》,这两大公约规定了引渡制度、资产追回机制等,为各缔约国开展追逃追赃、打击跨国犯罪提供了协作平台。为履行《联合国反腐败公约》,我国于 2007 年成立了国家预防腐败局,负责全国的预防腐败工作和预防腐败的国际合作。2015 年我国启动国际追逃追赃"天网"行动,与此同时国际刑警组织中国国家中心局集中公布了针对100名涉嫌犯罪的外逃国家工作人员、重要腐败案件涉案人等人员的红色通缉令，引起海内外高度关注。

在国际和区域合作层面，我国成功举办第七届国际反贪污大会、亚洲监察专员协会第七次会议、第五次亚太地区反腐败会议、国际反贪局联合会首届年会、亚太经合组织反腐败研讨会等国际会议，多次参加全球反腐倡廉论坛、政府改革全球论坛、国际反贪污大会等国际性反腐败会议，积极参与反腐败国际研讨。近年来，我国提出了一系列反腐败国际合作倡议，积极参与构建国际反腐新秩序。2014年11月，北京APEC峰会通过《北京反腐败宣言》；2016年9月，G20杭州峰会通过《二十国集团反腐败追逃追赃高级原则》；2017年5月，"一带一路"国际合作高峰论坛提出让"一带一路"成为廉洁之路；2017年9月，加强反腐败合作共识写入《金砖国家领导人厦门宣言》；2017年11月，第20次中国—东盟领导人会议发表了《中国—东盟全面加强反腐败有效合作联合声明》。

在反腐败双边合作层面，截至2017年2月，我国已与5大洲70个国家缔结司法协助条约、资产返还和分享协定、引渡条约和打击"三股势力"协定共135项（108项生效）。其中与30多个国家缔结了双边引渡条约，引渡条约能为境外追逃提供渠道保障，在与我国缔结引渡条约的国家，引渡是追逃主要的司法合作途径。目前，我国正在加大力度推进与有关国家缔结双边引渡条约和司法协助条约，不断完善对外开展国际反腐败合作的法律框架。

我国在反腐败国际合作方面的努力，已经得到了国际上的广泛支持和认同，不仅有效打击了跨国的腐败犯罪和出逃境外的腐败分子，更重要的是也给许多潜在的腐败分子以巨大的威慑力，使其不敢腐、不能腐、不想腐。

77. 国家监察委员会应当组织协调有关方面在哪些领域加强反腐败国际合作？

《监察法》不仅规定了国家监察委员会在反腐败国际合作方面的职责，还明确了国家监察委员会组织协调有关方面加强与有关国家、地区、国际组织反腐败国际合作的重点领域。《监察法》第51条规定："国家监察委员会组织协调有关方面加强与有关国家、地区、国际组织在反腐败执法、引渡、司法协助、被判刑人的移管、资产追回和信息交流等领域的合作。"

开展国际追逃追赃需要多部门、多渠道密切配合，《监察法》为此明确规定国家监察委员会负责组织协调有关方面开展反腐败国际合作，这也是以法律形式确认和总结了我国实践中的成功经验。为加强对国际追逃追赃工作的组织协调，2014年6月，中央反腐败协调小组成立国际追逃追赃工作办公室（简称"中央追逃办"），加大组织协调力度，中央纪委、最高法、最高检、外交部、公安部、国家安全部、司法部、中国人民银行八家成员单位协同作战，具体协调统筹工作由中央纪委国际合作局承担，从中央层面建立了一个集中统一、高效顺畅的国际追逃追赃工作协调机制。《监察法》规定国家监察委员会负责反腐败国际合作组织协调工作，及时将实践中运行有效的国际追逃追赃工作协调机制上升为法律。

《监察法》规定国家监察委员会开展反腐败国际合作的重点领域，包括反腐败执法、引渡、司法协助、被判刑人的移管、资产追回和信息交流等。这些重点领域，具有很强的针对性，反映了我国国际追逃追赃工作中面临的诸多难点。从我国开展的"天网"行动来看，无论是公安部牵头开展的"猎狐行动"，或是最高人民检察院牵头开展的职务犯罪国际追逃追赃专项行动，还是中国人民银行会同公安部开展的打击利用离岸公司和地下钱庄向境外转移赃款专项行动，由于我国与有关国家在法律制度和执行实施上存在差异，在执法协助、司法协助、引渡、被判刑人的移管、资产追回和信息交流等方面都存在一定的障碍。针对这些实践难题确定反腐败国际合作重点领域，有利于在工作中突出重点、突破难点，不断扩大我国反腐工作的成果。

近期我国针对上述重点领域也加大了立法力度。除了《监察法》之外，2017 年 1 月 5 日，《最高人民法院、最高人民检察院关于适用犯罪嫌疑人、被告人逃匿、死亡案件违法所得没收程序若干问题的规定》正式实施。2017 年 12 月 22 日，十二届全国人大常委会第三十一次会议首次审议了《中华人民共和国国际刑事司法协助法（草案）》，草案以解决合作中的实际问题为导向，以服务反腐败国际追逃追赃为目的，全面总结了过去 30 多年开展刑事司法协助工作的实践经验，对刑事司法协助请求的提出、接收和处理，送达文书，调查取证，安排证人作证或者协助调查，涉案财物的查封、扣押、冻结，违法所得的没收、返还和分享，刑事诉讼结果通报等作出了规范，还规定了开展协助的原则、依据、对外联系机关、主管机关和办案机关，规定了经费保障和费用承担等问题。制定一部内容较为完备、行之有效的国际刑事司法协助法，有利于规范和完善我国刑事司法协助体制，填补刑事司法协助国际合作的法律空白，完善追逃追赃有关法律制度。

国际追逃追赃工作仍然任重道远，国家监察委员会针对实践难点大力推进与有关国家、地区、国际组织在反腐败执法、引渡、司法协助、被判刑人的移管、资产追回和信息交流等领域合作，有利于加快构建不敢逃、不能逃、不想逃的体制机制，让已经外逃的腐败分子无处藏身，让企图外逃的腐败分子丢掉幻想，坚决把外逃腐败分子追回来绳之以法。

78. 国家监察委员会应当如何督促有关单位做好反腐败国际追逃追赃和防逃相关工作？

党的十九大报告强调："不管腐败分子逃到哪里，都要缉拿归案、绳之以法。"切实做好反腐败国际追逃追赃和防逃工作，需要多部门密切配合、充分合作，需要建立有力的组织协调机制。为此，《监察法》第52条规定国家监察委员会加强对反腐败国际追逃追赃和防逃工作的组织协调，督促有关单位做好相关工作。这从法律上确认了中央反腐败协调小组国际追逃追赃工作办公室（简称"中央追逃办"）组织协调下运行高效、成效显著的国际追逃追赃工作协调机制，在这一机制下中央纪委、最高法、最高检、外交部、公安部、国家安全部、司法部、中国人民银行八家成员单位协同作战、攻坚克难，在反腐败国际追逃追赃和防逃工作方面不断取得令人瞩目的成果。

从2015年起，在中央追逃办统筹协调下，针对反腐败国际追逃追赃和防逃，每年都开展"天网"行动，向全球外逃腐败分子撒下天罗地网。"天网"行动由多个专项行动组成，分别由中央组织部、最高人民检察院、公安部、中国人民银行等单位牵头开展。中央组织部重点对领导干部违规办理和持有证照情况进行清查处理，并对审批、保管环节负有责任人员进行追责；最高人民检察院牵头开展职务犯罪国际追逃追赃专项行动，重点抓捕潜逃境外的职务犯罪嫌疑人；公安部牵头开展"猎狐"专项行动，重点缉捕外逃职务犯罪嫌疑人和腐败案件重要涉案人；中国人民银行会同公安部开展打击利用离岸公司和地下钱庄向境外转移赃款专项行动，重点对地下钱庄违法犯罪活动，利用离岸公司账户、非居民账户等协助他人跨境转移赃款等进行集中打击。"天网2017"行动在上述专项行动基础上，还增加了适用犯罪嫌疑人、被告人逃匿案件违法所得没收程序追赃专项行动。

通过这些专项行动，各地区各部门坚持追逃、追赃、防逃三管齐下，一个全国联动、内外协作、上下贯通的追逃追赃机制正日趋完善，一系列追逃追赃防逃创新"组合拳"取得了显著成效。近年来，新增外逃国家工作人员的数量逐年大幅下降，2014年为101人，2015年为31人，2016年为19人，2017年下降至4人。数据显示，2017年以来，共追回外逃人员1300名，其中党员和国家工作人员347人，包括"百名红通人员"14名，追赃金额9.8亿元人民币，追逃追赃工作取得了政治、外交、反腐、社会综合效应。

《监察法》及时总结实践经验，第52条明确规定了国家监察委员会督促有关单位做好反腐败国际追逃追赃和防逃相关工作的着力点：一是在反腐败国际追逃方面，规定"对于重大贪污贿赂、失职渎职等职务犯罪案件，被调查人逃匿到国（境）外，掌握证据比较确凿的，通过开展境外追逃工作，追捕归案"；二是在反腐败国际追赃方面，规定"请求赃款赃物所在国向查询、冻结、扣押、没收、追缴、返还涉案资产"；三是在反腐败防逃方面，规定"查询、监控涉嫌职务犯罪的公职人员及其相关人员进出国（境）和跨境资金流动情况，在调查案件过程中设置防逃程序"。

这些规定强调了国外追、国内堵，追逃追赃和防逃两手都要抓、两手都要硬，符合我国反腐败国际追逃追赃和防逃工作的实践需要。据报道，2018年，中央追逃办将持续开展"天网行动"，深化各专项行动，做到"三个一起抓"：追逃追赃一起抓，努力使国内赃款"藏不住、转不出"，国外赃款"找得到、追得回"；追逃防逃一起抓，出台防逃工作指导意见，筑牢防逃堤坝；行贿受贿一起抓，再次进行大起底，摸清外逃底数。《监察法》的上述规定将为监察机关深入推进反腐败国际追逃追赃和防逃工作提供有力的制度支撑和法治保障。

79. 监察机关应当接受哪些监督？

权力监督没有例外、不留空白，监察机关作为行使国家监察职能的专责机关，更要受到严格的监督。对此，《监察法》不仅规定了监察机关的内部监督，也规定了监察机关的外部监督，通过构建严格的监督机制，强化了对监察权的监督制约，有效防止出现"灯下黑"。总结起来，监察机关应当接受的监督主要包括以下几个方面：

第一，党委监督。《监察法》第2条规定，要"坚持中国共产党对国家监察工作的领导"，"构建集中统一、权威高效的中国特色国家监察体制"。监察委员会与党的纪律检查委员会合署办公，在同级党委领导下开展工作，就是这一要求的集中体现。党的领导本身就包含教育管理和监督。纪委监委在党委领导下开展工作，党委就要加强对纪委监委的管理和监督，通过听取工作报告、研究案情、检查纪委监委落实同级党委和上级纪委监委决策部署情况等方式，加强对纪委监委工作的日常监督。纪委监委要自觉接受党委监督，认真执行党的路线方针政策和党委决策部署，主动接受党委领导和监督，重大事项及时向同级党委和上级监察委员会报告。

第二，人大监督。监察委员会由本级人民代表大会产生，要接受本级人民代表大会及其常务委员会的监督。《监察法》第53条规定，各级监察委员会应当接受本级人民代表大会及其常务委员会的监督。各级人民代表大会常务委员会听取和审议本级监察委员会的专项工作报告，组织执法检查。人民代表大会代表或者常务委员会组成人员可以依照法律规定的程序，就监察工作中的有关问题提出询问或者质询。

第三，内部监督。根据《监察法》第55条的规定，监察机关应当加强对监察人员执行职务和遵守法律情况的监督，建设忠诚、干净、担当的监察队伍。监察机关设立专门的干部监督机构，强化对监察权行使的监督。内部机构设置体现反腐败工作各环节既相互衔接又相互制衡的理念，强化制约监督，防止权力滥用。问题线索由相关部门集中统一管理，动态更新、全程监控。监督和调查部门分设，"前台"和"后台"分离。留置等审批程序和使用期限都有严格的限制。对需要采取技术调查、限制出境等措施的，依然沿用既有做法，经过严格审批后交有关机关执行，监察机关与之不重复、不替代。案件审理部门负责审核把关，对事实不清、证据不足的，退回调查部门补充证据或重新调查。对办案过程开展"一案双查"，既复查案件本身情况，也查明案件调查人员依纪依法履职情况。

第四，与司法机关互相配合、互相制约。根据《监察法》第45条、第47条等规定，腐败案件的调查由监察机关负责，查明涉嫌职务犯罪的移送检察机关依法审查、提起公诉；对监察机关移送的案件，检察机关经审查后认为需要补充核实的，可以退回监察机关进行补充调查。在制度上形成了监察委员会调查、检察院起诉、法院审判的工作机制，也体现了司法机关对监察机关的监督。

第五，人民群众监督。《监察法》第54条、第60条等规定，监察机关应当依法公开监察工作信息，接受民主监督、社会监督、舆论监督；监察机关及其工作人员有"留置法定期限届满，不予以解除"等情形的，被调查人及其近亲属有权向该机关申诉。这些规定，体现了人民群众对监察机关和监察人员的监督。

综上所述，对监察委员会的监督，既有全面的外部监督，也有严格的内部监督，监察机关始终在严格的监督制约下开展工作。

80. 人民代表大会及其常务委员会如何监督监察机关？

《宪法》第126条规定："国家监察委员会对全国人民代表大会和全国人民代表大会常务委员会负责。地方各级监察委员会对产生它的国家权力机关和上一级监察委员会负责。"《监察法》第8条规定，国家监察委员会由全国人民代表大会产生，对全国人民代表大会及其常务委员会负责，并接受其监督。第9条规定，地方各级监察委员会由本级人民代表大会产生，对本级人民代表大会及其常务委员会和上一级监察委员会负责，并接受其监督。各级监察委员会由各级人民代表大会产生，应当接受本级人民代表大会及其常务委员会的监督。

《监察法》第 53 条规定："各级监察委员会应当接受本级人民代表大会及其常务委员会的监督。各级人民代表大会常务委员会听取和审议本级监察委员会的专项工作报告，组织执法检查。县级以上各级人民代表大会及其常务委员会举行会议时，人民代表大会代表或者常务委员会组成人员可以依照法律规定的程序，就监察工作中的有关问题提出询问或者质询。"

根据我国《宪法》和《中华人民共和国各级人民代表大会常务委员会监督法》（以下简称《各级人民代表大会常务委员会监督法》）的规定，人民代表大会及其常务委员会的监督，按照监督工作开展的频率，可分为三类：经常性的监督，即常年都要开展的监督，如听取和审议专项工作报告、执法检查、规范性文件的备案审查等；例行监督，即在特定时间内必须进行的监督，如审查和批准决算、年中听取和审议计划和预算执行情况的报告、听取和审议审计工作报告等；在特定情形下启动的监督，如质询、特定问题调查和审议决定撤职案等。

《监察法》实际规定了其中的两类：一是经常性的监督，主要是听取和审议专项工作报告以及组织执法检查。各级人民代表大会常务委员会听取和审议本级监察机关的专项工作报告，根据需要可以组织执法检查。二是特定情形下启动的监督，主要是提出询问或者质询。县级以上各级人民代表大会及其常务委员会举行会议时，人民代表大会代表或者常务委员会组成人员，可以依照法律规定的程序就监察工作中的有关问题提出询问或者质询。

其中，专项工作监督是人大常委会监督监察委员会、法院和检察院的主要形式。人大常委会对监察委员会进行监督，关键是要处理好与监察委员会独立行使监察权的关系。依据《宪法》和有关法律的规定，监察委员会依照法律规定独立行使监察权，人大是国家权力机关，不是国家监察机关。人大常委会对监察委员会的工作进行监督，不能代替监察委员会办理"个案"。人大常委会通过听取和审议监察委员会专项工作报告，督促监察委员会完善内部监督机制，重点解决监察工作中群众反映强烈、带有共性的问题，如确保程序公正、确保处置公正等方面问题。总之，通过专项工作监督，既要依法加强人大常委会对监察委员会工作的监督，增强监督实效，也要保障监察委员会依法独立行使监察权。

根据《各级人民代表大会常务委员会监督法》的规定，关于专项工作报告议题，可以根据下列途径反映的问题确定：本级人民代表大会代表对监察委员会工作提出的建议、批评和意见集中反映的问题，本级人民代表大会常务委员会组成人员提出的比较集中的问题，本级人大常委会工作机构在调查研究中发现的突出问题，人民来信来访集中反映的问题以及社会普遍关注的其他问题。这些确定专项工作报告议题的途径，具有突出的"问题"意识。常务委员会组成人员对专项工作报告的审议意见交由本级监察委员会研究处理。监察委员会应当将研究处理情况由其办事机构送交本级人民代表大会有关专门委员会或者常务委员会有关工作机构征求意见后，向常务委员会提出书面报告。常务委员会认为必要时，可以对专项工作报告作出决议；本级监察委员会应当在决议规定的期限内，将执行决议的情况向常务委员会报告。

81. 各级人民代表大会常务委员会应当如何组织监察法执法检查?

执法检查,即对法律、法规实施情况的检查,是各级人大常委会将工作监督和法律监督结合起来的一种行之有效的监督形式。《监察法》第53条规定的人大对监察机关的监督,包括了执法检查这种重要监督形式,即各级人民代表大会常务委员会可以组织执法检查。

根据《各级人民代表大会常务委员会监督法》第22条的规定,各级人民代表大会常务委员会每年选择若干关系改革发展稳定大局和群众切身利益、社会普遍关注的重大问题,有计划地对有关法律、法规实施情况组织执法检查。人大常委会确定监察法执法检查选题,一方面要紧紧围绕改革发展稳定大局的重大问题,主要是选择国家监察体制改革中事关全局的、根本性的重大问题。另一方面还必须充分注意到群众的切身利益和社会普遍关注的重大问题,各级人民代表大会是直接或间接选举组成的,代表人民的意志管理国家,必须时刻注意倾听人民群众的呼声,可以选取社会普遍关注的监察法实施中的关键环节和热点难点问题作为执法检查的重点问题。

根据《各级人民代表大会常务委员会监督法》的规定,关于执法检查选题,可以根据下列途径反映的问题确定:本级人民代表大会代表对监察委员会工作提出的建议、批评和意见集中反映的问题，本级人民代表大会常务委员会组成人员提出的比较集中的问题，本级人大常委会工作机构在调查研究中发现的突出问题，人民来信来访集中反映的问题以及社会普遍关注的其他问题。这些途径是了解实际情况、发现和反映问题的有效形式。各级人民代表大会常务委员会对监察法的执法检查可以进行多次，这种跟踪执法检查近年来成为全国人大常委会监督事关全局而又长期得不到解决问题的重要方式，例如近年多次组织开展食品安全法执法检查。

执法检查工作的具体开展由执法检查组承担。执法检查组的组成人员，从本级人民代表大会常务委员会组成人员以及本级人民代表大会有关专门委员会组成人员中确定，并可以邀请本级人民代表大会代表参加。由于执法检查是人大常委会开展监督工作的一项重要方式，执法检查组还可以吸收本级人大代表参加。执法检查结束后，执法检查组应当及时提出执法检查报告，由委员长会议或者主任会议决定提请常务委员会审议。执法检查报告包括下列内容：对所检查的法律、法规实施情况进行评价，提出执法中存在的问题和改进执法工作的建议；对有关法律、法规提出修改完善的建议。对有关法律、法规提出修改、补充、解释等完善的建议，是执法检查报告中的一项重要内容。全国人大常委会和具有地方立法权的地方人大常委会，兼有立法权和监督权，执法检查是将这两项重要权力进行有机结合的有效方式。

82. 人民代表大会代表或者常务委员会组成人员如何就监察工作提出询问或者质询？

《监察法》第53条第3款规定："县级以上各级人民代表大会及其常务委员会举行会议时，人民代表大会代表或者常务委员会组成人员可以依照法律规定的程序，就监察工作中的有关问题提出询问或者质询。"询问和质询是人大及其常委会在特定情形下启动的监督形式。与其他监督方式相比，询问和质询具有简便性、经常性、针对性和互动性的特点。询问是人大代表在审议讨论议案和有关报告时，就议案、报告中不清楚、不理解等事项向有关机关提出问题，要求答复。程序比较简便，随问随答。质询是常委会组成人员对有关机关工作中不理解、有疑问的问题，提出疑问和质疑，要求答复。质询的程序比较严格，必须依照一定的程序进行。

我国法律对提出询问或者质询的程序进行了明确规定。《中华人民共和国全国人民代表大会和地方各级人民代表大会代表法》第13条规定，代表在审议议案和报告时，可以向本级有关国家机关提出询问。有关国家机关应当派负责人或者负责人员回答询问。第14条规定，全国人民代表大会会议期间，一个代表团或者三十名以上的代表联名，有权书面提出对国务院和国务院各部、各委员会，最高人民法院，最高人民检察院的质询案。县级以上的地方各级人民代表大会代表有权依照法律规定的程序提出对本级人民政府及其所属各部门，人民法院，人民检察院的质询案。乡、民族乡、镇的人民代表大会代表有权依照法律规定的程序提出对本级人民政府的质询案；质询案应当写明质询对象、质询的问题和内容。质询案按照主席团的决定由受质询机关答复。提出质询案的代表半数以上对答复不满意的，可以要求受质询机关再作答复。

《各级人民代表大会常务委员会监督法》第34条规定，各级人民代表大会常务委员会会议审议议案和有关报告时，本级人民政府或者有关部门、人民法院或者人民检察院应当派有关负责人员到会，听取意见，回答询问。第35条规定，全国人民代表大会常务委员会组成人员十人以上联名，省、自治区、直辖市、自治州、设区的市人民代表大会常务委员会组成人员五人以上联名，县级人民代表大会常务委员会组成人员三人以上联名，可以向常务委员会书面提出对本级人民政府及其部门和人民法院、人民检察院的质询案；质询案应当写明质询对象、质询的问题和内容。第36条规定，质询案由委员长会议或者主任会议决定交由受质询的机关答复；委员长会议或者主任会议可以决定由受质询机关在常务委员会会议上或者有关专门委员会会议上口头答复，或者由受质询机关书面答复；在专门委员会会议上答复的，提质询案的常务委员会组成人员有权列席会议，发表意见；委员长会议或者主任会议认为必要时，可以将答复质询案的情况报告印发常务委员会会议。第37条规定，提质询案的常务委员会组成人员的过半数对受质询机关的答复不满意的，可以提出要求，经委员长会议或者主任会议决定，由受质询机关再作答复。

83. 如何对监察机关进行民主监督、社会监督和舆论监督？

监督者更要接受监督，《监察法》规定监察机关不仅应当接受人大监督、内部监督，还应当接受民主监督、社会监督和舆论监督。而实现对监察机关民主监督、社会监督和舆论监督的有利抓手就是公开监察工作信息。《监察法》第 54 条规定："监察机关应当依法公开监察工作信息，接受民主监督、社会监督、舆论监督。"这一规定有利于充分保障人民群众对监察工作的知情权、参与权和监督权，提高监察机关监察工作的透明度，促进监察机关依法履行职责，实现监察权在阳光下运行。

监察机关依法应当公开的监察工作信息，主要是指监察机关自身建设和依法履职的信息，依法履职的信息是指监察机关依照法律履行监督、调查、处置职责的情况，监察处置结果是信息公开的重点。信息公开的范围应当根据有关规定予以确定。

监察工作信息公开的方式，一般可以采取发布公报、召开新闻发布会、接受采访，在报刊、广播、电视、互联网、新媒体、公开栏发布等方式，在重要报刊、电台电视台、重点新闻网站等媒体进行发布，还可以建立和完善党委新闻发言人制度，逐步建立例行发布制度，及时准确发布重要信息。信息发布后，注重相关信息监测反馈，对引起重大舆情反应的，应当及时应急处理，发现有不真实、不完整、不准确的信息，应当及时加以澄清和引导。

信息公开时，要注意遵守党和国家保密规定。对此，可以参照巡视情况公开的有关要求，做到"三不两防"，即"不涉及党和国家秘密、不影响在办案件、不违反上市公司信息披露有关法律法规，防止引发负面炒作、防止引发大规模上访或群体性事件"。下列5种情形可不公开：涉及党和国家秘密的事项；正在初步核实或已立案但未公布的在办案件；可能引起大的负面炒作的事项；可能引发大规模上访或群体性事件的事项；重大敏感事项。此外，在公开有关法律文书时，应按照有关规定对自然人的家庭住址、身份证号码等个人信息，未成年人相关信息，银行账号，涉及国家秘密、商业秘密、个人隐私的信息进行必要的处理。

84. 监察机关如何进行内部监督?

为确保监察机关依法履行职责，建设忠诚、干净、担当的监察队伍，严防"灯下黑"，《监察法》第55条明确规定："监察机关通过设立内部专门的监督机构等方式，加强对监察人员执行职务和遵守法律情况的监督，建设忠诚、干净、担当的监察队伍。"根据这一规定，监察机关应当设立专门的干部监督机构，建立有效的内控机制，强化对监察权行使的自我监督。

为实现有效的内部监督，《监察法》一方面通过明确工作职能、细化履职方式、完善配套制度，确立了监察机关相互协调、相互制约的工作机制。从《监察法》的规定看，内部机构设置体现反腐败工作各环节既相互衔接又相互制衡的理念，强化制约监督，防止权力滥用。问题线索规定由相关部门集中统一管理，动态更新、全程监控。监督和调查部门分设，"前台"和"后台"分离。留置等审批程序和使用期限都有严格的限制。对需要采取技术调查、限制出境等措施的，依然沿用既有做法，经过严格审批后交有关机关执行，监察机关与之不重复、不替代。案件审理部门负责审核把关，对事实不清、证据不足的，退回调查部门补充证据或重新调查。对办案过程开展"一案双查"，既复查案件本身情况，也查明案件调查人员依纪依法履职情况。

另一方面，《监察法》针对监察机关和监察人员规定了专门的内控制度。除了规定监察机关设立内部专门的监督机构外，还规定了以下几个方面的制度：一是案件干预或不当交往登记备案制度。《监察法》第57条规定："对于监察人员打听案情、过问案件、说情干预的，办理监察事项的监察人员应当及时报告。有关情况应当登记备案。发现办理监察事项的监察人员未经批准接触被调查人、涉案人员及其特定关系人，或者存在交往情形的，知情人应当及时报告。有关情况应当登记备案。"二是回避制度。《监察法》第58条规定，办理监察事项的监察人员是监察对象或者检举人的近亲属的、担任过本案的证人的、本人或者其近亲属与办理的监察事项有利害关系的、有可能影响监察事项公正处理的其他情形的，应当回避，监察对象、检举人及其他有关人员也有权要求其回避。

三是离岗离职脱密管理和职业禁止制度。《监察法》第59条规定："监察机关涉密人员离岗离职后，应当遵守脱密期管理规定，严格履行保密义务，不得泄露相关秘密。监察人员辞职、退休三年内，不得从事与监察和司法工作相关联且可能发生利益冲突的职业。"四是责任追究制度。《监察法》第61条规定："对调查工作结束后发现立案依据不充分或者失实，案件处置出现重大失误，监察人员严重违法的，应当追究负有责任的领导人员和直接责任人员的责任。"

85. 监察人员应当具备哪些素质和能力？

监察人员作为国家监察机关的工作人员，不但应当依法履行法律赋予的神圣职责，还应当具备较高的素质和能力。对此《监察法》第56条规定了监察人员应当具备以下几个方面的素质和能力：

第一，模范遵守宪法和法律。宪法是国家的根本法，具有最高的法律效力，是一切法律的制定依据。宪法规定了国家的根本制度和根本任务，是我们进行社会主义现代化建设的根本保障。《宪法》赋予了监察机关监察权，作为行使监察权的监察人员必须模范遵守宪法和法律所规定的原则，依照法律规定独立行使监察权，不受行政机关、社会团体和个人的干涉，在适用法律上一律平等，不允许有任何超越法律的特权。监察人员必须依据宪法和法律的规定，在宪法和法律规定的职权范围内，按照法律规定的程序，依照法律的规定进行监察活动，依法办案，不能违背宪法和法律，随意处理案件。

第二，忠于职守、秉公执法。监察机关的监察人员在履行监督、调查、处置职责时，必须忠于职守、依法履职，必须秉公执法、维护正义，不得徇私枉法。监察人员履行法定职责，必须以客观存在的、经过调查属实、有证据证明的事实为依据，必须严格以法律规定作为依据，不偏不倚。秉公执法是要求监察人员在履职过程中必须出于公心，而不是为了谋取私利，或者出于某地区或者某个部门的局部利益去办理案件，更不得在办理案件过程中徇私利、徇私情，以权谋私。秉公执法、不徇私枉法是维护法律尊严的关键所在。

第三，清正廉洁、保守秘密。法律赋予监察机关监察权，规定国家监察全覆盖，监察机关肩负着深入开展反腐败工作的重任，打铁还需自身硬，监察人员在依法履行职责的过程中必须坚守正道、清正廉洁，不得贪赃枉法。监察人员在监察工作中经常会遇到涉及国家秘密的案件，对于涉及国家秘密的案件，应当严格按照法律规定的程序办理，不得泄露国家秘密。对于监察人员在办理案件时知悉的当事人的商业秘密和个人隐私，也应当严格遵守监察纪律，不得随意散播。另外，监察人员还应当保守监察工作秘密，不得泄露办理案件过程中形成的内部意见、内部材料和其他不应当透露的与监察工作有关的材料。

第四，具有良好的政治素质。监察机关代表党和国家行使监督权，是政治机关，不是行政机关、司法机关。监察人员应当具有良好的政治素质，要坚定理想信念，对党忠诚，保持政治清醒，增强政治定力，提高政治站位，做政治上的明白人。监察人员在履行监督、调查、处置职责过程中，要始终坚持把讲政治放在首位，注重综合分析政治生态整体情况，有效运用监督执纪"四种形态"，不断增强反腐败工作的政治效果，推动形成风清气正的良好政治生态。

第五，熟悉监察业务，具备运用法律、法规、政策和调查取证等能力。监察权行使包括执纪监督、审查调查、案件处置等不同内容，监察机关不仅在内部存在案件管理、执纪监督、案件调查、案件审理各环节相互配合、相互制约，还需要与公安机关、检察机关、审判机关沟通协作，实现监察程序与司法程序的有序对接、相互制衡，具有非常强的专业性。这要求监察人员应当熟悉监察业务，具备运用法律、法规、政策和调查取证等能力。

第六，自觉接受监督。监督者更要接受监督，为确保监察权的正确行使，监察机关及监察人员要自觉接受党委监督，也要自觉接受《监察法》规定的人大监督、民主监督、司法监督、社会监督、舆论监督。监察机关在党委领导下开展工作，接受党委的日常管理和监督，监察人员要自觉接受党委监督，认真执行党的路线方针政策和党委决策部署，主动接受党委领导和监督，重大事项及时向同级党委和上级监察委员会报告。监察委员会由本级人民代表大会产生，监察人员要自觉接受本级人民代表大会及其常务委员会的监督。监察委员会采取技术调查、限制出境等措施经严格审批交有关机关执行；检察机关对移送的职务犯罪案件进行审查起诉，认为需要补充核实的可以退回进行补充调查，认为符合不起诉情形的可以作出不起诉决定；建立监察委员会调查、检察院起诉、法院审判的工作机制，对监察委员会形成有效的制约制衡。由此，监察人员要自觉接受司法监督。监察委员会要依法公开监察工作信息，回应群众关切，监察人员要自觉接受民主监督、社会监督、舆论监督。

86. 对于监察人员打听案情、过问案件、说情干预的，办理监察事项的监察人员应当如何处理？

《监察法》第57条第1款规定："对于监察人员打听案情、过问案件、说情干预的，办理监察事项的监察人员应当及时报告。有关情况应当登记备案。"这一条款规定了监察人员打听案情、过问案件、说情干预的报告备案制度，有利于确保监察工作客观公正开展，防止监察人员利用职务便利打听案情、过问案件、说情干预，切实将监察权力关进制度的笼子。根据《监察法》第65条的规定，监察机关及其工作人员利用职权或者职务上的影响干预调查工作、以案谋私的，对负有责任的领导人员和直接责任人员依法给予处理。

党的十八届四中全会通过的《中共中央关于全面推进依法治国若干重大问题的决定》要求，建立领导干部干预司法活动、插手具体案件处理的记录、通报和责任追究制度。在十八届中央纪委六次全会上，习近平总书记提出要建立领导干部插手重大事项记录制度，对违规过问下级有关事项如实登记和问责。《监察法》第57条第1款的规定是对党的十八届四中全会精神和十八届中纪委第六次会议精神的进一步落实。在监察机关，领导干部不得打听案情、过问案件、说情干预，领导干部以外的监察人员也不得实施这些行为。一旦发现包括领导干部在内的监察人员打听案情、过问案件、说情干预的情况，办理案件的监察人员有义务及时报告，有关情况还应当登记备案。这种报告、登记备案的记录、留痕制度，对违法干预行为是一种震慑，能够强化对监察人员正确行使监察权的监督，减少权力寻租行为，保证监察权依法公开透明行使。

《监察法》第57条第1款也实现了与《中国共产党纪检检查机关监督执纪工作规则（试行）》第46条第1款的有效衔接。该条款规定："对纪检干部打听案情、过问案件、说情干预的，受请托人应当向审查组组长、执纪审查部门主要负责人报告并登记备案。"王岐山同志在《关于〈中国共产党纪律检查机关监督执纪工作规则（试行）〉的说明》中指出，制定规则是坚持问题导向，解决纪检机关突出问题的迫切要求。当前有的纪检干部有纪律不执行，严重损害纪检干部形象，其中就包括无视审查纪律和保密纪律，打探消息、跑风漏气，面对"围猎"防线失守、以案谋私、说情抹案、收钱收物等。对此，必须找准风险点，扎紧制度篱笆，其中就包括建立打听案情、过问案件、说情干预登记备案制度。结合上述内容，对于监察人员打听案情、过问案件、说情干预的，办理案件的监察人员应当向调查组组长、案件调查部门主要负责人报告，并登记备案。这一制度的建立是有效发挥制度制衡作用，确保监察事项的办理不受监察机关内部干预的重要途径。

87. 发现办理监察事项的监察人员未经批准与相关人员接触或交往的，知情人应当如何处理？

《监察法》第57条第2款规定："发现办理监察事项的监察人员未经批准接触被调查人、涉案人员及其特定关系人，或者存在交往情形的，知情人应当及时报告。有关情况应当登记备案。"这一条款规定了办理监察事项的监察人员违法与相关人员接触或交往的报告备案制度，是加强对监察人员执行职务和遵守法律情况的监督，建设忠诚、干净、担当的监察队伍的重要措施。

习近平总书记反复强调，要正确行使权力，依法用权、秉公用权、廉洁用权，做到法定职权必须为，法无授权不可为。确保权力正确行使，一方面，领导干部要加强自律，严格按照规定办事，谨慎用权；另一方面，必须强化监督，加强他律，从制度层面作出相应设计，保证权力运行上下左右有界受控，防止为所欲为、随心所欲。监察机关及其工作人员行使监督、调查职权，收集、调取证据，采取调查措施，均应按照法定权限和程序进行，未经批准不得与被调查人、涉案人员及其特定关系人接触或交往。知情人发现此类情形的，有义务及时报告，有关情况应当登记备案。

《监察法》第57条第2款也实现了与《中国共产党纪检检查机关监督执纪工作规则（试行）》第46条第2款的有效衔接。该条款规定："发现审查组成员未经批准接触被审查人、涉案人员及其特定关系人，或者存在交往情形的，应当及时向审查组组长、执纪审查部门主要负责人直至纪检机关主要负责人报告并登记备案。"结合上述规定，对于办理监察事项的监察人员未经批准接触被调查人、涉案人员及其特定关系人，或者存在交往情形的，知情人应当向调查组组长、案件调查部门主要负责人直至监察机关主要负责人报告，并登记备案。这就是要从制度上加强对监察机关和监察人员的外部监督，让监察机关内部和外部了解情况的人员共同发挥监督作用，让监察权力在阳光下运行，把监察权力关进制度的笼子。

88. 监察人员在办理监察事项时，应当回避的情形有哪些？

《监察法》第 58 条规定了监察人员的回避制度。监察人员的回避是指办理监察事项的监察人员有法定情形的，应当自行或依申请回避，不再参加办理监察事项的制度。这里的"监察人员"是监察机关里依照法律规定履行监督、调查、处置职责，办理监察事项的有关人员。本条共规定了四种应当回避的情形：

第一，是监察对象或者检举人的近亲属的。所谓"近亲属"，参照《刑事诉讼法》有关规定，主要是指夫、妻、父、母、子、女、同胞兄弟姊妹。

第二，担任过本案的证人的。是指监察人员在本案中担任过证人的，既不能同时办理监察事项，也不能在以后的办案阶段再担任监察人员，以避免出现不公正办案的情况。

第三，本人或者其近亲属与办理的监察事项有利害关系的。是指监察人员或者其近亲属虽不是本案当事人，但本案的处理涉及他们的重大利益。

第四，有可能影响监察事项公正处理的其他情形。主要是指监察人员是监察事项当事人朋友、亲戚或者与监察事项当事人有过恩怨、有借贷关系等情形，并且这种情形有可能影响监察事项公正处理。"有可能影响监察事项公正处理"是"其他情形"应当回避的必要条件，此时办理监察事项的监察人员只有在可能影响监察事项公正处理的情况下才适用回避。比如办理监察事项的监察人员是监察对象的近亲属，应当无条件回避，但如果办理监察事项的监察人员与监察对象是一种远亲的关系，则要看其是否可能影响监察事项公正处理，才能决定回避与否。

根据回避申请提出主体的不同，可以分为"自行回避"和"申请回避"两类。所谓"自行回避"，是指办理监察事项的监察人员知道自己具有应当回避的情形，应当主动向所在机关提出回避的申请。所谓"申请回避"，是指办理监察事项的监察人员明知自己应当回避而不自行回避或者不知道、不认为自己具有应当回避的情形，因而没有自行回避的，监察对象、检举人及其他有关人员有权要求他们回避。"申请回避"是法律赋予监察对象、检举人及其他有关人员的法律权利，监察人员在办理监察事项过程中首先要向监察对象、检举人及其他有关人员告知这一项权利，任何人都不能剥夺监察对象、检举人及其他有关人员申请回避的权利。

89. 监察机关涉密人员离岗离职后，应当如何遵守脱密期管理规定？

《监察法》第59条规定："监察机关涉密人员离岗离职后，应当遵守脱密期管理规定，严格履行保密义务，不得泄露相关秘密。监察人员辞职、退休三年内，不得从事与监察和司法工作相关联且可能发生利益冲突的职业。"根据这一规定，监察机关涉密人员离岗离职后实行脱密期管理，监察人员辞职、退休后实行从业限制。这一规定应当结合2010年修订的《保守国家秘密法》有关规定理解。该法第35条第1款规定："在涉密岗位工作的人员（以下简称涉密人员），按照涉密程度分为核心涉密人员、重要涉密人员和一般涉密人员，实行分类管理。"第38条规定："涉密人员离岗离职实行脱密期管理。涉密人员在脱密期内，应当按照规定履行保密义务，不得违反规定就业，不得以任何方式泄露国家秘密。"结合上述规定，监察机关涉密人员离岗离职后的脱密期管理主要包括以下内容：

第一，监察机关涉密人员的概念。对涉密人员范围的界定是进一步明确涉密人员的职权和责任，更好地保守国家秘密的前提。所谓"涉密人员"，是指由于工作需要，在涉密岗位合法接触、知悉或经管国家秘密事项的人员。"监察机关涉密人员"，是指由于监察工作需要，在监察机关涉密岗位合法接触、知悉或经管国家秘密事项的人员。涉密人员实行分类管理制度。按照涉密人员接触、知悉或经管国家秘密的程度，涉密人员又分为核心涉密人员、重要涉密人员和一般涉密人员。以上分类管理制度同样适用于监察机关涉密人员。

第二，监察机关涉密人员离岗离职后实行脱密期管理。所谓"离岗"，是指涉密人员离开涉密岗位，但未离开原工作的机关、单位，只是调到本机关、单位的非涉密岗位上工作。所谓"离职"，是指涉密人员既离开涉密岗位，同时也离开原工作的机关、单位。所谓"脱密"，是指不再接触国家秘密。涉密人员未经批准不得擅自离岗离职，经批准离岗离职的，必须对其实行脱密期管理。脱密期的长短，要根据所接触、知悉和经管国家秘密的程度和具体情况进行确定。涉密人员离岗的，脱密期管理由本机关、本单位负责。涉密人员离开原涉密单位，调入国家机关和涉密单位的，脱密期管理由调入单位负责。监察机关涉密人员离岗离职后，应当遵守脱密期管理规定，严格履行保密义务，不得泄露相关秘密。

第三，监察机关涉密人员在脱密期内的义务。主要包括：①保密义务。涉密人员在脱密期内仍应履行保守国家秘密的义务。涉密人员所工作的岗位特殊，接触国家秘密较多，因而对涉密人员的保密要求要比一般公民高。脱密期的涉密人员既要承担法律赋予所有公民的保守国家秘密的义务，还要保守因为工作所知悉的国家秘密。需要注意的是，即使脱密期已过，只要知悉的国家秘密没有被解密，涉密人员仍然有保守这些国家秘密的义务。监察机关涉密人员的保密义务主要涉及调查工作信息、举报事实、举报受理情况以及举报人信息等。②从业限制。涉密人员未经批准不得擅自离岗离职，经批准离岗离职的，在脱密期内不准私自应聘到境外驻华机构、外国企业任职。监察人员辞职、退休三年内，不得从事与监察和司法工作相关联且可能发生利益冲突的职业。需要注意的是，从业限制并不是完全禁止涉密人员就业，只是说不得从事特定职业，而从事其他职业是受法律保护的。同时，特定职业的从业限制有期限限制，期限结束后是可以从事的。③出境限制。对涉密人员的出境限制，既包括尚在涉密岗位的涉密人员，也包括已经离开涉密岗位但还在脱密期内的涉密人员。《保守国家秘密法》第37条已对涉密人员出境管理作出规定，这一规定同样适用于监察机关涉密人员。

90. 被调查人及其近亲属有权向监察机关申诉的情形有哪些？

申诉，是指公民、法人或其他组织，认为对某一问题的处理结果不正确，而向有关国家机关申述理由，请求重新处理的行为。申诉是公民、法人或者其他组织维护权益的一种方式，具有法律效力。《监察法》第 60 条规定了被调查人及其近亲属有权向监察机关申诉的情形及处理程序。

根据《监察法》第 60 条第 1 款的规定，被调查人及其近亲属有权向监察机关申诉的情形主要包括以下五种：

第一，留置法定期限届满，不予以解除的。留置是对有证据证明涉嫌贪污贿赂、失职渎职等严重职务违法或者职务犯罪的被调查人采取的限制人身自由的较为严重的措施，留置的适用应当审慎而严谨。《监察法》第 43 条第 2 款规定，留置时间不得超过三个月。在特殊情况下，可以延长一次，延长时间不得超过三个月。留置期满，监察机关应当及时解除留置措施，恢复被调查人的自由。监察机关及工作人员应当解除留置措施而没有解除的，就属于本款第 1 项规定的情形。

第二，查封、扣押、冻结与案件无关的财物的。根据《监察法》第 25 条、第 23 条的规定，查封、扣押措施适用于用以证明被调查人涉嫌违法犯罪的财物、文件和电子数据等信息，冻结措施适用于涉案单位和个人的存款、汇款、债券、股票、基金份额等财产。如果财物、文件、电子数据等信息或者存款、汇款、债券、股票、基金份额等财产与案件无关，则依法不得查封、扣押、冻结。不应当查封、扣押、冻结，而监察机关及其工作人员错误地采取了查封、扣押、冻结措施的，就属于本款第 2 项规定的情形。

第三，应当解除查封、扣押、冻结措施而不解除的。《监察法》第 23 条第 2 款规定，冻结的财产经查明与案件无关的，应当在查明后三日内解除冻结，予以退还。第 25 条第 3 款规定，查封、扣押的财物、文件经查明与案件无关的，应当在查明后三日内解除查封、扣押，予以退还。监察机关在监察工作中查封、扣押、冻结涉案财物，是一种保全措施，是为了在监察工作期间，保证有关涉案财物不被转移、隐匿或者遭受损坏而影响监察工作的进行。如果监察机关经过调查，发现被查封、扣押、冻结的财物与案件无关，就应当及时解除查封、扣押、冻结，否则就构成了本款第3项规定的情形。

第四，贪污、挪用、私分、调换以及违反规定使用查封、扣押、冻结的财物的。《监察法》第25条第1款、第2款规定，采取调取、查封、扣押措施，应当收集原物原件，会同持有人或者保管人、见证人，当面逐一拍照、登记、编号，开列清单，由在场人员当场核对、签名，并将清单副本交财物、文件的持有人或者保管人；对调取、查封、扣押的财物、文件，监察机关应当设立专用账户、专门场所，确定专门人员妥善保管，严格履行交接、调取手续，定期对账核实，不得毁损或者用于其他目的；对价值不明物品应当及时鉴定，专门封存保管。监察机关及其工作人员不得贪污、挪用、私分、调换以及违反规定使用查封、扣押、冻结的财物。其中，"贪污"是指监察机关及其工作人员将被查封、扣押、冻结的财物贪为己有；"挪用"是指将该财物私自挪作他用；"私分"是指将该财物私下瓜分；"调换"是指将该财物以旧换新，或者换成了低档品等；"违反规定使用"是指擅自使用该财物，如违规使用被扣押的车辆等。

第五，其他违反法律法规、侵害被调查人合法权益的行为。《监察法》不仅赋予监察机关及其工作人员合法的监察权限，也依法保障被调查人的合法权益。任何违反法律法规、侵害被调查人合法权益的行为，都应当承担相应的法律责任。本款前四项以列举方式明确了被调查人及其近亲属有权申诉的情形，第五项是兜底条款，监察机关及其工作人员实施了前四项规定情形之外的行为的，只要能够证明其行为违反法律法规、侵害被调查人合法权益，那么被调查人及其近亲属都有权申诉。这一兜底条款的规定，是为了最大限度地保证监察机关及其工作人员在法律法规范围内行使监察权，也是为了最大限度地保护被调查人的合法权益。

根据《监察法》第 60 条的规定，被调查人及其近亲属应当向作出上述行为的监察机关或作出上述行为的监察人员所在监察机关申诉。受理申诉的监察机关应当在受理申诉之日起一个月内作出处理决定。申诉人对处理决定不服的，可以在收到处理决定之日起一个月内向上一级监察机关申请复查。受理复查申请的，上一级监察机关应当在收到复查申请之日起二个月内作出处理决定，如果监察机关及其工作人员的上述行为属实，上一级监察机关应当及时予以纠正。

91. 对调查工作结束后发现立案依据不充分或者失实，案件处置出现重大失误，监察人员严重违法的，应当如何处理？

《监察法》第 61 条规定："对调查工作结束后发现立案依据不

充分或者失实，案件处置出现重大失误，监察人员严重违法的，应当追究负有责任的领导人员和直接责任人员的责任。"关于此规定，可以从以下几个方面予以把握：

第一，时间节点是在调查工作结束后。因为只有在调查结束后才可能会发生案件处置出现重大失误的情况。如果是在调查工作中发现立案依据不充分或者失实的，应当及时采取措施，进一步核查问题线索。

第二，追究责任的情形予以严格限定，主要包括立案依据不充分或者失实的，案件处置出现重大失误的，或者监察人员严重违法的。

第三，对于发现存在上述情形的，不仅要追究直接责任人员的责任，还要追究负有责任的领导人员的责任，既可能是政务处分，也可能是党纪处分，构成犯罪的，还要追究其刑事责任。具体承担何种责任，要视案件的具体情况而定。

92. 有关单位拒不执行监察机关作出的处理决定，或者无正当理由拒不采纳监察建议的，应当如何处理？

《监察法》第 62 条规定："有关单位拒不执行监察机关作出的处理决定，或者无正当理由拒不采纳监察建议的，由其主管部门、上级机关责令改正，对单位给予通报批评；对负有责任的领导人员和直接责任人员依法给予处理。"根据这一规定，有关单位拒不执行监察机关作出的处理决定，或者无正当理由拒不采纳监察建议的，应当承担相应的法律责任。

这一规定应当结合《监察法》第45条加以理解。根据《监察法》第45条的规定，监察机关根据监督、调查结果，依法作出如下处置：

第一，对有职务违法行为但情节较轻的公职人员，按照管理权限，直接或者委托有关机关、人员，进行谈话提醒、批评教育、责令检查，或者予以诫勉；

第二，对违法的公职人员依照法定程序作出警告、记过、记大过、降级、撤职、开除等政务处分决定；

第三，对不履行或者不正确履行职责负有责任的领导人员，按照管理权限对其直接作出问责决定，或者向有权作出问责决定的机关提出问责建议；

第四，对涉嫌职务犯罪的，监察机关经调查认为犯罪事实清楚，证据确实、充分的，制作起诉意见书，连同案卷材料、证据一并移送人民检察院依法审查、提起公诉；

第五，对监察对象所在单位廉政建设和履行职责存在的问题等提出监察建议。

除了第四项移送人民检察院依法审查、提起公诉以外，其他处理决定都需要有关单位执行或者按照监察建议进行整改。执行处置决定、采纳监察建议是有关单位应尽的义务，是监察工作的重要环节和监察成果运用的重要方面。如果有关单位拒不执行监察机关作出的处理决定，或者无正当理由拒不采纳监察建议的，应当由其主管部门、上级机关责令改正，对单位给予通报批评；对负有责任的领导人员和直接责任人员依法给予处理。

93. 有关人员的哪些违反《监察法》的行为，由其所在单位、主管部门、上级机关或者监察机关责令改正，依法给予处理？

《监察法》第63条规定："有关人员违反本法规定，有下列行为之一的，由其所在单位、主管部门、上级机关或者监察机关责令改正，依法给予处理：（一）不按要求提供有关材料，拒绝、阻碍调查措施实施等拒不配合监察机关调查的；（二）提供虚假情况，掩盖事实真相的；（三）串供或者伪造、隐匿、毁灭证据的；（四）阻止他人揭发检举、提供证据的；（五）其他违反本法规定的行为，情节严重的。"

对于理解和适用此条规定，要注意把握以下要点：

第一，有关人员。有关人员的范围比较广泛，主要包括监察工作中涉及的监察对象以及其他有关人员，其他有关人员包括鉴定人、证人、有关单位的领导人员和直接责任人员等。

第二，这里所说违反《监察法》的行为主要包括以下情形：

（1）不按要求提供有关材料，拒绝、阻碍调查措施实施等拒不配合监察机关调查的。根据《监察法》第18条的规定，监察机关行使监督、调查职权，有权依法向有关单位和个人了解情况，收集、调取证据，有关单位和人员应当如实提供。

（2）提供虚假情况，掩盖事实真相的。有关单位和个人应该在监察机关调查过程中如实提供证据，这是监察机关了解掌握真实情况的重要保证。提供虚假情况，掩盖事实真相，主要是指歪曲事实，没有提供案件的真实情况，如在行为、时间、重要情节等方面作虚假陈述。

（3）串供或者伪造、隐匿、毁灭证据的。所谓"串供"，是指有关人员与同案人或者证人建立"攻守同盟"，串通口径应对监察机关调查。所谓"伪造证据"，是指制作虚假的物证、书证等，如补开假的单据、证明，涂改账目，甚至伪造是他人犯罪的物证、书证等。所谓"隐匿证据"，是指将监察机关尚未掌握的证据隐藏起来。所谓"毁灭证据"，是指将证据烧毁、涂抹、砸碎、撕碎、抛弃或者使用其他方法让其灭失或者不能再作为证据使用。

（4）阻止他人揭发检举、提供证据的。

（5）其他违反本法规定的行为，情节严重的。此种情形属于兜底条款，必须具备情节严重这一条件。

第三，相应的法律责任承担。凡是有上述违法行为的，根据《监察法》规定，都应该由所在单位、主管部门、上级机关或者监察机关责令改正，依法给予处理。这里的"依法给予处理"既包括对情节轻微的违法行为依法给予行政处罚或者处分，也包括对情节严重的犯罪行为依法追究刑事责任。比如，提供虚假情况，掩盖事实真相，情节严重构成伪证罪的，要依法追究其刑事责任。

再如，串供或者伪造、隐匿、毁灭证据，构成伪证罪、包庇罪等犯罪的，应当依法追究其刑事责任。

94. 监察对象对控告人、检举人、证人或者监察人员进行报复陷害的，应当如何处理？

《监察法》第64条规定，监察对象对控告人、检举人、证人或者监察人员进行报复陷害的，依法给予处理。这一规定也体现了《宪法》的精神和要求，《宪法》第41条规定："中华人民共和国公民对于任何国家机关和国家工作人员，有提出批评和建议的权利；对于任何国家机关和国家工作人员的违法失职行为，有向有关国家机关提出申诉、控告或者检举的权利，但是不得捏造或者歪曲事实进行诬告陷害。对于公民的申诉、控告或者检举，有关国家机关必须查清事实，负责处理。任何人不得压制和打击报复。由于国家机关和国家工作人员侵犯公民权利而受到损失的人，有依照法律规定取得赔偿的权利。"根据上述规定，监察对象不得对控告人、检举人、证人或者监察人员进行报复陷害，否则应当承担相应的法律责任。

第一，监察对象不得对控告人、检举人、证人或者监察人员进行报复陷害。这一规定的义务主体是监察对象，即列入监察范围的公职人员和有关人员，保护对象包括控告人、检举人、证人或者监察人员。"控告人"是指向有关国家机关指控或者告发监察对象各种职务违法犯罪行为的人员，控告包括到监察机关就有关监察事项进行告发，到司法机关就有关的刑事诉讼、民事诉讼和行政诉讼的案件进行告发，到行政机关告发等。"检举人"是指向有关国家机关揭发监察对象各种职务违法犯罪行为的人员。"证人"是指了解监察事项情况，就其了解的情况向有关国家机关进行陈述的人员。"监察人员"是指监察机关中办理监察事项的人员。对于上述几类人员，监察对象不得以任何形式进行报复陷害。所谓"报复陷害"，是指对上述人员进行报复、迫害，直接或者间接损害上述人员的人身权利、民主权利或者其他合法权益。"报复陷害"的表现方式多种多样，如制造种种"理由"或者"借口"给予党纪处分、政纪处分，或者降职、减薪、调整工作岗位，或者压制学术、技术职称评定，或者扣发工资、奖金，或者在工作中给"小鞋"穿、无端挑剔，等等。

第二，监察对象进行报复陷害的，依法予以处理。对打击报复控告人、检举人、证人或者监察人员的行为追究法律责任，是保护控告人、检举人、证人或者监察人员的重要途径。对于有报复陷害行为的监察对象，如果情节轻微，尚不够刑事处罚的，应当依照《治安管理处罚法》的规定，对行为人予以拘留或者罚款的处罚；如果情节严重，构成犯罪的，应当依照《刑法》追究其刑事责任。同时，根据《宪法》第41条的规定，由于国家机关和国家工作人员侵犯公民权利而受到损失的人，有依照法律规定取得赔偿的权利。赔偿义务机关予以赔偿后，还可以根据《国家赔偿法》的规定，向有法定情形的监察对象追偿部分或者全部赔偿费用。

95. 控告人、检举人、证人捏造事实诬告陷害监察对象的，应当如何处理？

《监察法》第64条规定，控告人、检举人、证人捏造事实诬告陷害监察对象的，依法给予处理。这一规定明确了捏造事实诬告陷害监察对象的控告人、检举人和证人要承担相应的法律责任。这是为了保证控告、举报和作证的真实性，准确地揭露违法犯罪，既防止诬告、陷害好人，又能充分保障单位或公民行使控告、举报和作证的权利。也就是说，控告人、检举人和证人的控告、举报和作证应当实事求是，不得诬告陷害他人，否则要依法追究相应的法律责任。

如果确定控告人、检举人、证人捏造事实诬告陷害监察对象的，依法予以处理。这里的依法处理，包括两方面的含义：

第一，控告人、检举人、证人捏造的事实不得作为证据。如果根据控告人、检举人、证人捏造的事实，已经对监察对象采取调查措施，监察机关经调查发现除了捏造的事实之外没有证据证明监察对象存在违法犯罪行为的，根据《监察法》第45条的规定，应当撤销案件。

第二，控告人、检举人、证人捏造事实诬告陷害监察对象的行为构成犯罪的，要追究其刑事责任。《刑法》第243条规定："捏造事实诬告陷害他人，意图使他人受刑事追究，情节严重的，处三年以下有期徒刑、拘役或者管制；造成严重后果的，处三年以上十年以下有期徒刑。国家机关工作人员犯前款罪的，从重处罚。不是有意诬陷，而是错告，或者检举失实的，不适用前两款的规定。"这里要注意，构成诬告陷害罪有两个要点：一是必须有捏造犯罪事实的行为。捏造犯罪事实是引起刑事追究的前提条件，至于是否捏造了证据，不影响本罪的成立。捏造的事实可以是全部的，也可以是部分的。二是必须有向国家机关和其他单位告发的行为。"捏造"和"告发"是成立诬告陷害罪的客观必备要件。告发的形式可以是投书检举告发，也可以是当面告发；可以是署名告发，也可以是匿名告发。行为人只要以诬陷他人为目的，实施了捏造犯罪事实并告发的诬陷行为，便构成犯罪既遂。至于被诬陷者是否受到了刑事追究不影响犯罪的成立。

实践中，监察机关工作人员在接受控告、举报时，一般应当向控告人、举报人说明控告、举报应当实事求是，不得诬告陷害他人，否则要追究相应的法律责任。需要指出的是，监察机关在实际办案中，要注意严格区别错告与诬告。对报案失实的甚至是错告，只要不是故意捏造事实，伪造证据，就不能认为是诬告。将错告与诬告严加区别，有利于解除控告人、举报人的思想顾虑，鼓励知情人控告、举报，有利于依靠群众打击腐败犯罪。

96. 监察机关及其工作人员有哪些行为，要对负有责任的领导人员和直接责任人依法给予处理?

监察机关及其工作人员必须带头严格遵守《监察法》等有关规定，否则，不仅会严重影响监察机关和监察队伍的形象，而且会严重损害监察工作的公信力、严肃性、权威性。因此，必须对监察机关及其工作人员的违法违纪行为进行严格的责任追究。《监察法》第65条对监察机关及其工作人员滥用职权、玩忽职守、徇私舞弊等行为作了明确规定，即监察机关及其工作人员有下列行为之一的，对负有责任的领导人员和直接责任人员依法给予处理:

第一，未经批准、授权处置问题线索，发现重大案情隐瞒不报，或者私自留存、处理涉案材料的。监察机关及其工作人员对监察对象的问题线索，应当按照有关规定提出处置意见，履行审批手续，进行分类处理。如实处理问题线索是实事求是原则在监察工作中的具体体现。监察机关及其工作人员在处置问题线索时应当客观公正，依法履职，不得未经批准、授权处置问题线索，发现重大案情隐瞒不报，更不能私自留存、处理涉案材料。这些都属于渎职行为，构成犯罪的，要追究其刑事责任。

第二，利用职权或者职务上的影响干预调查工作、以案谋私的。监察机关依法独立行使监察权，也包括监察机关或者监察人员不得干预其他监察机关或其他监察人员正在办理的监察事项。

为此，《监察法》第 57 条建立了监察人员打听案情、过问案件、说情干预的报告登记制度，即对于监察人员打听案情、过问案件、说情干预的，办理监察事项的监察人员应当及时报告，有关情况应当登记备案。对于利用职权或者职务上的影响干预调查工作、以案谋私的，要依法处理。构成犯罪的，还要追究其刑事责任。

第三，违法窃取、泄露调查工作信息，或者泄露举报事项、举报受理情况以及举报人信息的。保密纪律既是监察工作纪律，更是政治纪律，必须严格遵守，真正做到守口如瓶、防意如城。监察工作秘密一旦被泄露，将会给党和国家的事业造成严重损害，带来无法弥补的损失。监察工作秘密主要包括：调查工作信息（包括问题线索、拟深入了解的问题等）、举报情况（包括举报事项、举报受理情况、举报人信息）以及国家秘密、商业秘密、个人隐私等。对于在履行监察职责的过程中了解的调查工作信息以及举报情况等，应当保密，不得泄露。对于其他监察机关和工作人员正在处理的案件情况，不得打听案情、过问案件、说情干预，更不能采用非法手段窃取、泄露。泄露监察工作秘密的方式和途径，可以是秘密泄露，也可以是公开泄露；可以用交原物的方式泄露，也可以用影印、摄影、复印等方式泄露，不论采取何种方式和途径泄露，都应依法予以处理。

第四，对被调查人或者涉案人员逼供、诱供，或者侮辱、打骂、虐待、体罚或者变相体罚的。《监察法》第 40 条第 2 款明确规定，严禁以威胁、引诱、欺骗及其他非法方式收集证据，严禁侮辱、打骂、虐待、体罚或者变相体罚被调查人和涉案人员，即严禁以非法的方法收集证据。如果监察机关及其工作人员对被调查人或者涉案人员逼供、诱供，或者侮辱、打骂、虐待、体罚或者变相体罚，所获得的口供虚假的可能性非常大，极易造成错案。监察工作要加强思想道德和法治教育，通过思想工作让被调查人或者涉案人员交代违法犯罪行为，争取从宽处理。

第五，违反规定处置查封、扣押、冻结的财物的。监察机关在调查过程中，可以调取、查封、扣押用以证明被调查人涉嫌违法犯罪的财物、文件和电子数据等信息。如果是调查涉嫌贪污贿赂、失职渎职等严重职务违法或者职务犯罪，还可以根据工作需要，查询、冻结涉案单位和个人的存款、汇款、债券、股票、基金份额等财产。对于查封、扣押的财物、文件，监察机关应当设立专用账号、专门场所，确定专门人员妥善保管，严格履行交接手续、调取手续，定期对账核实，不得毁损或者用于其他目的。对于查封、扣押、冻结的财物，经查明与案件无关的，应当在查明后三日内解除查封、扣押、冻结，予以退还；对违法所得的财物，依法予以没收、追缴或者责令退赔；对涉嫌犯罪所取得的财物，应当在移送人民检察院依法提起公诉时随案移送。对于违反规定处置查封、扣押、冻结的财物的，要对负有责任的领导人员和直接责任人员依法给予处理。

第六，违反规定发生办案安全事故，或者发生安全事故后隐瞒不报、报告失实、处置不当的。监察工作要严格按照监察权限和监察程序办理，消除安全隐患，守住不发生严重安全事故的底线。对于违反规定发生办案安全事故，或者发生安全事故后隐瞒不报、报告失实、处置不当的，要对负有责任的领导人员和直接责任人员依法给予处理。

224

第七，违反规定采取留置措施的。留置措施属于限制人身自由的措施，必须依法进行。根据《监察法》第 43 条、第 44 条的规定，监察机关采取留置措施，应当由监察机关领导人员集体研究决定。设区的市级以下监察机关采取留置措施，应当报上一级监察机关批准。省级监察机关采取留置措施，应当报国家监察委员会备案。留置时间不得超过三个月。在特殊情况下，可以延长一次，延长时间不得超过三个月。省级以下监察机关采取留置措施的，延长留置时间应当报上一级监察机关批准。监察机关发现采取留置措施不当的，应当及时解除。对被调查人采取留置措施后，应当在二十四小时以内，通知被留置人员所在单位和家属，但有可能毁灭、伪造证据，干扰证人作证或者串供等有碍调查情形的除外。有碍调查的情形消失后，应当立即通知被留置人员所在单位和家属。监察机关应当保障被留置人员的饮食、休息和安全，提供医疗服务。讯问被留置人员应当合理安排讯问时间和时长，讯问笔录由被讯问人阅看后签名。违反上述规定采取留置措施的，依法予以处理。

第八，违反规定限制他人出境，或者不按规定解除出境限制的。限制出境是防止被调查人及相关人员逃匿境外的有力举措。根据《监察法》第 30 条的规定，监察机关为防止被调查人及相关人员逃匿境外，经省级以上监察机关批准，可以对被调查人及相关人员采取限制出境措施，由公安机关依法执行；对于不需要继续采取限制出境措施的，应当及时解除。《出入境管理法》以及《关于依法限制外国人和中国公民出境问题的若干规定》对限制出境和解除出境限制作了更加详细的规定。监察机关及其工作人员采取限制他人出境或者解除出境限制的，须严格遵守《监察法》《出入境管理法》《关于依法限制外国人和中国公民出境问题的若干规定》等相关规定，否则将依法给予处分，构成犯罪的，还要追究其刑事责任。

第九，其他滥用职权、玩忽职守、徇私舞弊的行为。

97. 违反《监察法》规定，构成犯罪的，应当如何处理？

《监察法》确立了中国特色的监察体制，明确了监察范围、监察职责和监察程序，是一部反腐败专门立法。在整个法律体系中，其与《刑法》《刑事诉讼法》《行政处罚法》等法律以及相关的党内法规制度有机衔接。《监察法》和《刑法》《刑事诉讼法》等法律法规的有机衔接就体现在《监察法》第66条的规定，即违反本法规定，构成犯罪的，依法追究刑事责任。

违反《监察法》的行为是否构成犯罪，要看是否符合《刑法》规定的犯罪构成要件。比如，有关人员阻止他人揭发检举、提供证据的行为是否构成妨害作证罪，就要看是否符合《刑法》第307条第1款的规定。根据该款的规定，妨害作证罪的四个构成要件分别是：主体为一般主体，凡是年满16周岁、具有刑事责任能力的自然人都可以成为妨害作证罪的主体；主观方面表现为故意，且为直接故意，即行为人明知自己妨害证人作证的行为会妨害国家司法机关正常的诉讼活动和他人的作证权利或人身权利，仍决意实施妨害作证行为，希望这种社会危害性的发生；客体是国家司法机关的正常诉讼活动和公民依法作证的权利，如果采用暴力或威胁手段妨害证人作证的，还侵害了公民的人身权利；客观方面表现为行为人实施了采用暴力、威胁、贿买等方法阻止证人依法作证或者指使他人作伪证的妨害作证行为。

再如，监察机关工作人员滥用职权、玩忽职守、徇私舞弊行为是否构成犯罪，就要看是否符合《刑法》第397条的规定。根据该条的规定，滥用职权罪、玩忽职守罪的四个构成要件分别是：主体都要求是国家机关工作人员。主观方面，滥用职权罪主要是由故意构成，既可以是直接故意，也可以是间接故意，玩忽职守罪主要由过失构成。客体都是国家机关的管理活动。客观方面，滥用职权罪的本质属性是对职权的"滥用"，主要表现为两种情形：一是超越职权的滥用，即行为人超越法定权力范围，违法决定无权决定的事项、擅自处理无权处理的事务，二是违反法定办事程序行使职权，即随心所欲地违法处理公务；玩忽职守罪的本质属性是对职守的"玩忽"主要表现为两种情形：一是不履行职责，即行为人严重不负责任，不作为，二是不认真履行职责，即行为人严重不负责任，马虎草率、敷衍了事。

98. 监察机关及其工作人员行使职权，侵犯公民、法人和其他组织的合法权益造成损害的，应当如何处理？

《监察法》第67条规定："监察机关及其工作人员行使职权，侵犯公民、法人和其他组织的合法权益造成损害的，依法给予国家赔偿。"据此，监察机关及其工作人员侵犯公民、法人和其他组织合法权益的行为被纳入国家赔偿的范围，但是否应当承担赔偿责任，还要看是否符合《国家赔偿法》的相关规定。根据《国家赔偿法》的相关规定，这里的国家赔偿责任的构成要件包括：

第一，实施侵权行为的主体是国家机关和国家机关工作人员。各级监察委员会是行使国家监察职能的专责机关，属于国家机关的范畴。

第二，必须是违法行使职权的行为。监察机关及其工作人员实施与行使职权无关的侵权行为，不发生国家赔偿问题，应当由该机关或者该机关工作人员对损害后果承担民事上的赔偿责任或者刑事责任。国家机关依法行使职权的行为，也可能使公民、法人和其他组织产生经济上的损失，不属于国家赔偿的范围。

第三，因侵犯公民、法人和其他组织的合法权益而造成损害后果的。作为侵权赔偿的条件之一，就是对损害后果给予赔偿，如果没有损害后果，也就无需赔偿。同时，侵权行为与损害后果之间具有因果关系，国家才承担赔偿责任。

99. 解放军和武警部队开展监察工作的依据是什么？

《监察法》第 68 条规定："中国人民解放军和中国人民武装警察部队开展监察工作，由中央军事委员会根据本法制定具体规定。"这一规定明确解放军和武警部队开展监察工作，由中央军事委员会根据《监察法》制定具体规定。对此，可以从以下方面加以理解：

第一，解放军和武警部队应当开展监察工作。《监察法》的立法目的是加强对所有行使公权力的公职人员的监察，实现国家监察全面覆盖。解放军和武警部队是我国武装力量的重要组成部分，解放军和武警部队监察工作是国家监察工作的重要内容。2012 年 11 月 15 日，习近平总书记在中央军委常务会议上讲话指出："党内不能有腐败分子的藏身之地，军队是拿枪杆子的，更不能有腐败分子的藏身之地。"2018 年 3 月 12 日，习近平总书记出席十三届全国人大一次会议解放军和武警部队代表团全体会议并发表重要讲话指出，要加大依法治军工作力度，强化法治信仰和法治思维，加快构建中国特色军事法治体系，加快推动治军方式根本性转变。全军要增强宪法意识，弘扬宪法精神，做宪法的忠实崇尚者、自觉遵守者、坚定捍卫者。要适应党的纪律检查体制和国家监察体制改革要求，结合军队实际做好有关工作。要加强同国家立法工作的衔接，突出加强备战急需、改革急用、官兵急盼的军事法规制度建设。要坚持严字当头，强化执纪执法监督，严肃追责问责，把依法从严贯穿国防和军队建设各领域全过程。

第二，解放军和武警部队的监察工作由中央军事委员会集中统一领导。《宪法》第93条第1款规定："中华人民共和国中央军事委员会领导全国武装力量。"这里的"中央军事委员会"是指国家的中央军事委员会，它和党的中央军事委员会是"一套人马，两块牌子"。在1982年《宪法》通过后，中共中央专门发出通知指出：从我国的实际情况和需要出发，规定设立国家的中央军事委员会，对军队在国家体制中的地位作出新的明确规定，是必要的；在国家的中央军委成立后，党的中央军委仍然作为党中央的军事领导机关直接领导军队，这一点没有改变；党的中央军委和国家的中央军委实际上将是一个机构，组成人员和对军队的领导完全一致，只是在党内和在国家机构内同时有两个地位，而这在国家体制上是完全必要的。

中央军事委员会领导全国武装力量，这里的"全国武装力量"当然包括武警部队。《国防法》第22条第3款规定："中国人民武装警察部队在国务院、中央军事委员会的领导指挥下，担负国家赋予的安全保卫任务，维护社会秩序。"2017年12月，中共中央印发《中共中央关于调整中国人民武装警察部队领导指挥体制的决定》，自2018年1月1日零时起，武警部队由党中央、中央军委集中统一领导，实行中央军委－武警部队－部队领导指挥体制。《决定》明确，武警部队归中央军委建制，不再列国务院序列。武警部队建设，按照中央军委规定的建制关系组织领导。中央和国家机关有关部门、地方各级党委和政府与武警部队各级相应建立任务需求和工作协调机制。

第三，解放军和武警部队开展监察工作，由中央军事委员会根据《监察法》制定具体规定。解放军和武警部队的体制比较特殊，其开展监察工作也与地方有所不同，尤其是其依据的是特别规定。早在2005年8月，经中央军事委员会批准，解放军总政治部就制定了《中国人民解放军监察工作规定》，将军队单位和现役军官、文职干部，以及从事管理工作的士官、文职人员纳入监察范围，以法规的形式规定了解放军监察工作的目的和任务、监察主体和监察对象、职责权限、监察程序、法律责任等，同时明确中国人民武装警察部队的监察工作参照本规定执行，从而为解放军和武警部队开展监察工作提供了重要法律依据。《监察法》第68条规定，解放军和武警部队开展监察工作，由中央军事委员会根据本法制定具体规定。因此，《监察法》公布施行后，中央军事委员会需要根据《监察法》制定具体规定，进一步提高解放军和武警部队监察工作法治化水平，保障解放军和武警部队监察工作在法治轨道上行稳致远。

100. 《监察法》是何时公布施行的？

《监察法》第 69 条规定："本法自公布之日起施行。《中华人民共和国行政监察法》同时废止。"关于法律的公布，《立法法》第 25 条规定："全国人民代表大会通过的法律由国家主席签署主席令予以公布。"《立法法》第 58 条规定："签署公布法律的主席令载明该法律的制定机关、通过和施行日期。法律签署公布后，及时在全国人民代表大会常务委员会公报和中国人大网以及在全国范围内发行的报纸上刊载。在常务委员会公报上刊登的法律文本为标准文本。"《监察法》由第十三届全国人民代表大会第一次会议于 2018 年 3 月 20 日通过，并由中华人民共和国主席习近平于 2018 年 3 月 20 日签署《中华人民共和国主席令》（第三号）予以公布，自公布之日起施行。因此，《监察法》的公布时间和施行时间均为 2018 年 3 月 20 日。对此，可以从以下方面加以理解：

第一，关于《监察法》的公布。公布法律是法律生效的重要步骤。法律草案经过立法机关审议、表决并且通过以后，按照法定程序和法定形式予以公布，方具有法律效力。《宪法》第 80 条规定，中华人民共和国主席根据全国人民代表大会的决定和全国人民代表大会常务委员会的决定，公布法律。因此，签署公布法律是国家主席的一项权力，其目的是证明该项法律是依法制定的，并证明该项法律文本与立法机关所通过的完全一致。关于国家主席公布法律的方式，《立法法》第 25 条规定："全国人民代表大会通过的法律由国家主席签署主席令予以公布。"2018年3月20日，第十三届全国人民代表大会第一次会议通过了《监察法》。同日，中华人民共和国主席习近平签署《中华人民共和国主席令》（第三号），公布了《监察法》。该主席令的正文如下："《中华人民共和国监察法》已由中华人民共和国第十三届全国人民代表大会第一次会议于2018年3月20日通过，现予公布，自公布之日起施行。"

第二，关于《监察法》的刊载。法律签署之后，就要向全社会公开，为社会大众所知。其主要方式是在法定的网站和刊物上刊载。《立法法》第58条第2款规定："法律签署公布后，及时在全国人民代表大会常务委员会公报和中国人大网以及在全国范围内发行的报纸上刊载。"本款对刊载法律提出了具体要求：一是要求及时。一般来说，今天通过，明天公布刊载，是属于"及时"，应当尽量按照这一标准来刊载法律。二是在全国人民代表大会常务委员会公报和中国人大网以及在全国范围内发行的报纸上刊登。《监察法》于2018年3月20日通过，同日由国家主席签署主席令予以公布，次日即3月21日在中国人大网全文刊载。

第三，关于《行政监察法》的废止。1997年通过、2010年修改的《行政监察法》，长期以来为我国监察机关履行职责、行使职权提供了重要依据。党的十八大以来，以习近平同志为核心的党中央科学分析判断党风廉政建设和反腐败斗争形势任务，立足当前、着眼长远，作出深化国家监察体制改革的重大决策部署，提出制定国家监察法的重大任务。2016年12月25日，第十二届全国人民代表大会常务委员会第二十五次会议通过《全国人民代表大会常务委员会关于在北京市、山西省、浙江省开展国家监察体制改革试点工作的决定》，决定在北京市、山西省、浙江省暂时调整或者暂时停止适用《行政监察法》。2017 年 11 月 4 日，第十二届全国人民代表大会常务委员会第三十次会议通过《全国人民代表大会常务委员会关于在全国各地推开国家监察体制改革试点工作的决定》，决定在全面试点工作中暂时调整或者暂时停止适用《行政监察法》。《监察法》公布施行后，《行政监察法》的作用被《监察法》所取代，《行政监察法》同时在全国范围废止。

附录一 中华人民共和国宪法修正案

（2018 年 3 月 11 日）

第三十二条 宪法序言第七自然段中"在马克思列宁主义、毛泽东思想、邓小平理论和'三个代表'重要思想指引下"修改为"在马克思列宁主义、毛泽东思想、邓小平理论、'三个代表'重要思想、科学发展观、习近平新时代中国特色社会主义思想指引下"；"健全社会主义法制"修改为"健全社会主义法治"；在"自力更生，艰苦奋斗"前增写"贯彻新发展理念"；"推动物质文明、政治文明和精神文明协调发展，把我国建设成为富强、民主、文明的社会主义国家"修改为"推动物质文明、政治文明、精神文明、社会文明、生态文明协调发展，把我国建设成为富强民主文明和谐美丽的社会主义现代化强国，实现中华民族伟大复兴"。这一自然段相应修改为："中国新民主主义革命的胜利和社会主义事业的成就，是中国共产党领导中国各族人民，在马克思列宁主义、毛泽东思想的指引下，坚持真理，修正错误，战胜许多艰难险阻而取得的。我国将长期处于社会主义初级阶段。国家的根本任务是，沿着中国特色社会主义道路，集中力量进行社会主义现代化建设。中国各族人民将继续在中国共产党领导下，在马克思列宁主义、毛泽东思想、邓小平理论、'三个代表'重要思想、科学发展观、习近平新时代中国特色社会主义思想指引下，坚持人民民主专政，坚持社会主义道路，坚持改革开放，不断完善社会主义的各项制度，发展社会主义市场经济，发展社会主义民主，健全社会主义法治，贯彻新发展理念，自力更生，艰苦奋斗，逐步实现工业、农业、国防和科学技术的现代化，推动物质文明、政治文明、精神文明、社会文明、生态文明协调发展，把我国建设成为富强民主文明和谐美丽的社会主义现代化强国，实现中华民族伟大复兴。"

第三十三条 宪法序言第十自然段中"在长期的革命和建设过程中"修改为"在长期的革命、建设、改革过程中"；"包括全体社会主义劳动者、社会主义事业的建设者、拥护社会主义的爱国者和拥护祖国统一的爱国者的广泛的爱国统一战线"修改为"包括全体社会主义劳动者、社会主义事业的建设者、拥护社会主义的爱国者、拥护祖国统一和致力于中华民族伟大复兴的爱国者的广泛的爱国统一战线"。这一自然段相应修改为："社会主义的建设事业必须依靠工人、农民和知识分子，团结一切可以团结的力量。在长期的革命、建设、改革过程中，已经结成由中国共产党领导的，有各民主党派和各人民团体参加的，包括全体社会主义劳动者、社会主义事业的建设者、拥护社会主义的爱国者、拥护祖国统一和致力于中华民族伟大复兴的爱国者的广泛的爱国统一战线，这个统一战线将继续巩固和发展。中国人民政治协商会议是有广泛代表性的统一战线组织，过去发挥了重要的历史作用，今后在国家政治生活、社会生活和对外友好活动中，在进行社会主义现代化建设、维护国家的统一和团结的斗争中，将进一步发挥它的重要作用。中国共产党领导的多党合作和政治协商制度将长期存在和发展。”

第三十四条 宪法序言第十一自然段中“平等、团结、互助的社会主义民族关系已经确立，并将继续加强。”修改为：“平等团结互助和谐的社会主义民族关系已经确立，并将继续加强。”

第三十五条 宪法序言第十二自然段中“中国革命和建设的成就是同世界人民的支持分不开的”修改为“中国革命、建设、改革的成就是同世界人民的支持分不开的”；“中国坚持独立自主的对外政策，坚持互相尊重主权和领土完整、互不侵犯、互不干涉内政、平等互利、和平共处的五项原则”后增加“坚持和平发展道路，坚持互利共赢开放战略”；“发展同各国的外交关系和经济、文化的交流”修改为“发展同各国的外交关系和经济、文化交流，推动构建人类命运共同体”。这一自然段相应修改为：“中国革命、建设、改革的成就是同世界人民的支持分不开的。中国的前途是同世界的前途紧密地联系在一起的。中国坚持独立自主的对外政策，坚持互相尊重主权和领土完整、互不侵犯、互不干涉内政、平等互利、和平共处的五项原则，坚持和平发展道路，坚持互利共赢开放战略，发展同各国的外交关系和经济、文化交流，推动构建人类命运共同体；坚持反对帝国主义、霸权主义、殖民主义，加强同世界各国人民的团结，支持被压迫民族和发展中国家争取和维护民族独立、发展民族经济的正义斗争，为维护世界和平和促进人类进步事业而努力。”

第三十六条 宪法第一条第二款“社会主义制度是中华人民共和国的根本制度。”后增写一句，内容为：“中国共产党领导是中国特色社会主义最本质的特征。"

第三十七条　宪法第三条第三款"国家行政机关、审判机关、检察机关都由人民代表大会产生，对它负责，受它监督。"修改为："国家行政机关、监察机关、审判机关、检察机关都由人民代表大会产生，对它负责，受它监督。"

第三十八条　宪法第四条第一款中"国家保障各少数民族的合法的权利和利益，维护和发展各民族的平等、团结、互助关系。"修改为："国家保障各少数民族的合法的权利和利益，维护和发展各民族的平等团结互助和谐关系。"

第三十九条　宪法第二十四条第二款中"国家提倡爱祖国、爱人民、爱劳动、爱科学、爱社会主义的公德"修改为"国家倡导社会主义核心价值观，提倡爱祖国、爱人民、爱劳动、爱科学、爱社会主义的公德"。这一款相应修改为："国家倡导社会主义核心价值观，提倡爱祖国、爱人民、爱劳动、爱科学、爱社会主义的公德，在人民中进行爱国主义、集体主义和国际主义、共产主义的教育，进行辩证唯物主义和历史唯物主义的教育，反对资本主义的、封建主义的和其他的腐朽思想。"

第四十条　宪法第二十七条增加一款，作为第三款："国家工作人员就职时应当依照法律规定公开进行宪法宣誓。"

第四十一条　宪法第六十二条"全国人民代表大会行使下列职权"中增加一项，作为第七项"（七）选举国家监察委员会主任"，第七项至第十五项相应改为第八项至第十六项。

第四十二条　宪法第六十三条"全国人民代表大会有权罢免下列人员"中增加一项，作为第四项"（四）国家监察委员会主任"，第四项、第五项相应改为第五项、第六项。

第四十三条　宪法第六十五条第四款"全国人民代表大会常务委员会的组成人员不得担任国家行政机关、审判机关和检察机关的职务。"修改为："全国人民代表大会常务委员会的组成人员不得担任国家行政机关、监察机关、审判机关和检察机关的职务。"

第四十四条　宪法第六十七条"全国人民代表大会常务委员会行使下列职权"中第六项"（六）监督国务院、中央军事委员会、最高人民法院和最高人民检察院的工作"修改为"（六）监督国务院、中央军事委员会、国家监察委员会、最高人民法院和最高人民检察院的工作"；增加一项，作为第十一项"（十一）根据国家监察委员会主任的提请，任免国家监察委员会副主任、委员"，第十一项至第二十一项相应改为第十二项至第二十二项。

第七十条　第一款中"全国人民代表大会设立民族委员会、法律委员会、财政经济委员会、教育科学文化卫生委员会、外事委员会、华侨委员会和其他需要设立的专门委员会。"修改为："全国人民代表大会设立民族委员会、宪法和法律委员会、财政经济委员会、教育科学文化卫生委员会、外事委员会、华侨委员会和其他需要设立的专门委员会。"

第四十五条　宪法第七十九条第三款"中华人民共和国主席、副主席每届任期同全国人民代表大会每届任期相同，连续任职不得超过两届。"修改为："中华人民共和国主席、副主席每届任期同全国人民代表大会每届任期相同。"

第四十六条　宪法第八十九条"国务院行使下列职权"中第

六项"（六）领导和管理经济工作和城乡建设"修改为"（六）领导和管理经济工作和城乡建设、生态文明建设"；第八项"（八）领导和管理民政、公安、司法行政和监察等工作"修改为"（八）领导和管理民政、公安、司法行政等工作"。

第四十七条　宪法第一百条增加一款，作为第二款："设区的市的人民代表大会和它们的常务委员会，在不同宪法、法律、行政法规和本省、自治区的地方性法规相抵触的前提下，可以依照法律规定制定地方性法规，报本省、自治区人民代表大会常务委员会批准后施行。"

第四十八条　宪法第一百零一条第二款中"县级以上的地方各级人民代表大会选举并且有权罢免本级人民法院院长和本级人民检察院检察长。"修改为："县级以上的地方各级人民代表大会选举并且有权罢免本级监察委员会主任、本级人民法院院长和本级人民检察院检察长。"

第四十九条　宪法第一百零三条第三款"县级以上的地方各级人民代表大会常务委员会的组成人员不得担任国家行政机关、审判机关和检察机关的职务。"修改为："县级以上的地方各级人民代表大会常务委员会的组成人员不得担任国家行政机关、监察机关、审判机关和检察机关的职务。"

第五十条　宪法第一百零四条中"监督本级人民政府、人民法院和人民检察院的工作"修改为"监督本级人民政府、监察委员会、人民法院和人民检察院的工作"。这一条相应修改为："县级以上的地方各级人民代表大会常务委员会讨论、决定本行政区域内各方面工作的重大事项；监督本级人民政府、监察委员会、人民法院和人民检察院的工作；撤销本级人民政府的不适当的决定和命令；撤销下一级人民代表大会的不适当的决议；依照法律规定的权限决定国家机关工作人员的任免；在本级人民代表大会闭会期间，罢免和补选上一级人民代表大会的个别代表。"

第五十一条 宪法第一百零七条第一款"县级以上地方各级人民政府依照法律规定的权限，管理本行政区域内的经济、教育、科学、文化、卫生、体育事业、城乡建设事业和财政、民政、公安、民族事务、司法行政、监察、计划生育等行政工作，发布决定和命令，任免、培训、考核和奖惩行政工作人员。"修改为："县级以上地方各级人民政府依照法律规定的权限，管理本行政区域内的经济、教育、科学、文化、卫生、体育事业、城乡建设事业和财政、民政、公安、民族事务、司法行政、计划生育等行政工作，发布决定和命令，任免、培训、考核和奖惩行政工作人员。"

第五十二条 宪法第三章"国家机构"中增加一节，作为第七节"监察委员会"；增加五条，分别作为第一百二十三条至第一百二十七条。内容如下：

第七节 监察委员会

第一百二十三条 中华人民共和国各级监察委员会是国家的监察机关。

第一百二十四条 中华人民共和国设立国家监察委员会和地方各级监察委员会。

监察委员会由下列人员组成：

主任，

副主任若干人，

委员若干人。

监察委员会主任每届任期同本级人民代表大会每届任期相同。国家监察委员会主任连续任职不得超过两届。

监察委员会的组织和职权由法律规定。

第一百二十五条 中华人民共和国国家监察委员会是最高监察机关。

国家监察委员会领导地方各级监察委员会的工作，上级监察委员会领导下级监察委员会的工作。

第一百二十六条 国家监察委员会对全国人民代表大会和全国人民代表大会常务委员会负责。地方各级监察委员会对产生它的国家权力机关和上一级监察委员会负责。

第一百二十七条 监察委员会依照法律规定独立行使监察权，不受行政机关、社会团体和个人的干涉。

监察机关办理职务违法和职务犯罪案件，应当与审判机关、检察机关、执法部门互相配合，互相制约。

第七节相应改为第八节，第一百二十三条至第一百三十八条相应改为第一百二十八条至第一百四十三条。

附录二　中华人民共和国监察法

（2018 年 3 月 20 日第十三届全国人民代表大会第一次会议通过）

目　　录

第一章 总 则

第一条 为了深化国家监察体制改革，加强对所有行使公权力的公职人员的监督，实现国家监察全面覆盖，深入开展反腐败工作，推进国家治理体系和治理能力现代化，根据宪法，制定本法。

第二条 坚持中国共产党对国家监察工作的领导，以马克思列宁主义、毛泽东思想、邓小平理论、"三个代表"重要思想、科学发展观、习近平新时代中国特色社会主义思想为指导，构建集中统一、权威高效的中国特色国家监察体制。

第三条 各级监察委员会是行使国家监察职能的专责机关，依照本法对所有行使公权力的公职人员（以下称公职人员）进行监察，调查职务违法和职务犯罪，开展廉政建设和反腐败工作，维护宪法和法律的尊严。

第四条 监察委员会依照法律规定独立行使监察权，不受行政机关、社会团体和个人的干涉。

监察机关办理职务违法和职务犯罪案件，应当与审判机关、检察机关、执法部门互相配合，互相制约。

监察机关在工作中需要协助的，有关机关和单位应当根据监察机关的要求依法予以协助。

第五条 国家监察工作严格遵照宪法和法律，以事实为根据，以法律为准绳；在适用法律上一律平等，保障当事人的合法权益；权责对等，严格监督；惩戒与教育相结合，宽严相济。

第六条 国家监察工作坚持标本兼治、综合治理，强化监督问责，严厉惩治腐败；深化改革、健全法治，有效制约和监督权力；加强法治教育和道德教育，弘扬中华优秀传统文化，构建不敢腐、不能腐、不想腐的长效机制。

第二章　监察机关及其职责

第七条　中华人民共和国国家监察委员会是最高监察机关。

省、自治区、直辖市、自治州、县、自治县、市、市辖区设立监察委员会。

第八条　国家监察委员会由全国人民代表大会产生，负责全国监察工作。

国家监察委员会由主任、副主任若干人、委员若干人组成，主任由全国人民代表大会选举，副主任、委员由国家监察委员会主任提请全国人民代表大会常务委员会任免。

国家监察委员会主任每届任期同全国人民代表大会每届任期相同，连续任职不得超过两届。

国家监察委员会对全国人民代表大会及其常务委员会负责，并接受其监督。

第九条　地方各级监察委员会由本级人民代表大会产生，负责本行政区域内的监察工作。

地方各级监察委员会由主任、副主任若干人、委员若干人组成，主任由本级人民代表大会选举，副主任、委员由监察委员会主任提请本级人民代表大会常务委员会任免。

地方各级监察委员会主任每届任期同本级人民代表大会每届任

期相同。

地方各级监察委员会对本级人民代表大会及其常务委员会和上一级监察委员会负责，并接受其监督。

第十条　国家监察委员会领导地方各级监察委员会的工作，上级监察委员会领导下级监察委员会的工作。

第十一条　监察委员会依照本法和有关法律规定履行监督、调查、处置职责：

（一）对公职人员开展廉政教育，对其依法履职、秉公用权、廉洁从政从业以及道德操守情况进行监督检查；

（二）对涉嫌贪污贿赂、滥用职权、玩忽职守、权力寻租、利益输送、徇私舞弊以及浪费国家资财等职务违法和职务犯罪进行调查；

（三）对违法的公职人员依法作出政务处分决定；对履行职责不力、失职失责的领导人员进行问责；对涉嫌职务犯罪的，将调查结果移送人民检察院依法审查、提起公诉；向监察对象所在单位提出监察建议。

第十二条　各级监察委员会可以向本级中国共产党机关、国家机关、法律法规授权或者委托管理公共事务的组织和单位以及所管辖的行政区域、国有企业等派驻或者派出监察机构、监察专员。

监察机构、监察专员对派驻或者派出它的监察委员会负责。

第十三条　派驻或者派出的监察机构、监察专员根据授权，按照管理权限依法对公职人员进行监督，提出监察建议，依法对公职人员进行调查、处置。

第十四条　国家实行监察官制度，依法确定监察官的等级设置、任免、考评和晋升等制度。

第三章　监察范围和管辖

第十五条　监察机关对下列公职人员和有关人员进行监察：

（一）中国共产党机关、人民代表大会及其常务委员会机关、人民政府、监察委员会、人民法院、人民检察院、中国人民政治协商会议各级委员会机关、民主党派机关和工商业联合会机关的公务员，以及参照《中华人民共和国公务员法》管理的人员；

（二）法律、法规授权或者受国家机关依法委托管理公共事务的组织中从事公务的人员；

（三）国有企业管理人员；

（四）公办的教育、科研、文化、医疗卫生、体育等单位中从事管理的人员；

（五）基层群众性自治组织中从事管理的人员；

（六）其他依法履行公职的人员。

第十六条　各级监察机关按照管理权限管辖本辖区内本法第十五条规定的人员所涉监察事项。

上级监察机关可以办理下一级监察机关管辖范围内的监察事项，必要时也可以办理所辖各级监察机关管辖范围内的监察事项。

监察机关之间对监察事项的管辖有争议的，由其共同的上级监察机关确定。

第十七条　上级监察机关可以将其所管辖的监察事项指定下级监察机关管辖，也可以将下级监察机关有管辖权的监察事项指定给其他监察机关管辖。

监察机关认为所管辖的监察事项重大、复杂，需要由上级监察机关管辖的，可以报请上级监察机关管辖。

第四章　监察权限

第十八条　监察机关行使监督、调查职权，有权依法向有关单位和个人了解情况，收集、调取证据。有关单位和个人应当如实提供。

监察机关及其工作人员对监督、调查过程中知悉的国家秘密、商业秘密、个人隐私，应当保密。

任何单位和个人不得伪造、隐匿或者毁灭证据。

第十九条　对可能发生职务违法的监察对象，监察机关按照管理权限，可以直接或者委托有关机关、人员进行谈话或者要求说明情况。

第二十条　在调查过程中，对涉嫌职务违法的被调查人，监察机关可以要求其就涉嫌违法行为作出陈述，必要时向被调查人出具书面通知。

对涉嫌贪污贿赂、失职渎职等职务犯罪的被调查人，监察机关可以进行讯问，要求其如实供述涉嫌犯罪的情况。

第二十一条　在调查过程中，监察机关可以询问证人等人员。

第二十二条　被调查人涉嫌贪污贿赂、失职渎职等严重职务违法或者职务犯罪，监察机关已经掌握其部分违法犯罪事实及证据，仍有重要问题需要进一步调查，并有下列情形之一的，经监察机关依法审批，可以将其留置在特定场所：

（一）涉及案情重大、复杂的；

（二）可能逃跑、自杀的；

（三）可能串供或者伪造、隐匿、毁灭证据的；

（四）可能有其他妨碍调查行为的。

对涉嫌行贿犯罪或者共同职务犯罪的涉案人员，监察机关可以依照前款规定采取留置措施。

留置场所的设置、管理和监督依照国家有关规定执行。

第二十三条　监察机关调查涉嫌贪污贿赂、失职渎职等严重职务违法或者职务犯罪，根据工作需要，可以依照规定查询、冻结涉案单位和个人的存款、汇款、债券、股票、基金份额等财产。有关单位和个人应当配合。

冻结的财产经查明与案件无关的，应当在查明后三日内解除冻结，予以退还。

第二十四条　监察机关可以对涉嫌职务犯罪的被调查人以及可能隐藏被调查人或者犯罪证据的人的身体、物品、住处和其他有关地方进行搜查。在搜查时，应当出示搜查证，并有被搜查人或者其家属等见证人在场。

搜查女性身体，应当由女性工作人员进行。

监察机关进行搜查时，可以根据工作需要提请公安机关配合。公安机关应当依法予以协助。

第二十五条　监察机关在调查过程中，可以调取、查封、扣押用以证明被调查人涉嫌违法犯罪的财物、文件和电子数据等信息。采取调取、查封、扣押措施，应当收集原物原件，会同持有人或者保管人、见证人，当面逐一拍照、登记、编号，开列清单，由在场人员当场核对、签名，并将清单副本交财物、文件的持有人或者保管人。

对调取、查封、扣押的财物、文件，监察机关应当设立专用账户、专门场所，确定专门人员妥善保管，严格履行交接、调取手续，定期对账核实，不得毁损或者用于其他目的。对价值不明物品应当及时鉴定，专门封存保管。

查封、扣押的财物、文件经查明与案件无关的，应当在查明后三日内解除查封、扣押，予以退还。

第二十六条　监察机关在调查过程中，可以直接或者指派、聘请具有专门知识、资格的人员在调查人员主持下进行勘验检查。勘验检查情况应当制作笔录，由参加勘验检查的人员和见证人签名或者盖章。

第二十七条　监察机关在调查过程中，对于案件中的专门性问题，可以指派、聘请有专门知识的人进行鉴定。鉴定人进行鉴定后，应当出具鉴定意见，并且签名。

第二十八条　监察机关调查涉嫌重大贪污贿赂等职务犯罪，根据需要，经过严格的批准手续，可以采取技术调查措施，按照规定交有关机关执行。

批准决定应当明确采取技术调查措施的种类和适用对象，自签发之日起三个月以内有效；对于复杂、疑难案件，期限届满仍有必要继续采取技术调查措施的，经过批准，有效期可以延长，每次不得超过三个月。对于不需要继续采取技术调查措施的，应当及时解除。

第二十九条　依法应当留置的被调查人如果在逃，监察机关可以决定在本行政区域内通缉，由公安机关发布通缉令，追捕归案。通缉范围超出本行政区域的，应当报请有权决定的上级监察机关决定。

第三十条　监察机关为防止被调查人及相关人员逃匿境外，经省级以上监察机关批准，可以对被调查人及相关人员采取限制出境措施，由公安机关依法执行。对于不需要继续采取限制出境措施的，应当及时解除。

第三十一条　涉嫌职务犯罪的被调查人主动认罪认罚，有下列情形之一的，监察机关经领导人员集体研究，并报上一级监察机关批准，可以在移送人民检察院时提出从宽处罚的建议：

（一）自动投案，真诚悔罪悔过的；

（二）积极配合调查工作，如实供述监察机关还未掌握的违法犯罪行为的；

（三）积极退赃，减少损失的；

（四）具有重大立功表现或者案件涉及国家重大利益等情形的。

第三十二条　职务违法犯罪的涉案人员揭发有关被调查人职务违法犯罪行为，查证属实的，或者提供重要线索，有助于调查其他案件的，监察机关经领导人员集体研究，并报上一级监察机关批准，可以在移送人民检察院时提出从宽处罚的建议。

第三十三条　监察机关依照本法规定收集的物证、书证、证人证言、被调查人供述和辩解、视听资料、电子数据等证据材料，在刑事诉讼中可以作为证据使用。

监察机关在收集、固定、审查、运用证据时，应当与刑事审判关于证据的要求和标准相一致。

以非法方法收集的证据应当依法予以排除，不得作为案件处置的依据。

第三十四条　人民法院、人民检察院、公安机关、审计机关等国家机关在工作中发现公职人员涉嫌贪污贿赂、失职渎职等职务违法或者职务犯罪的问题线索，应当移送监察机关，由监察机关依法调查处置。

被调查人既涉嫌严重职务违法或者职务犯罪，又涉嫌其他违法犯罪的，一般应当由监察机关为主调查，其他机关予以协助。

第五章　监察程序

第三十五条　监察机关对于报案或者举报，应当接受并按照有关规定处理。对于不属于本机关管辖的，应当移送主管机关处理。

第三十六条　监察机关应当严格按照程序开展工作，建立问题线索处置、调查、审理各部门相互协调、相互制约的工作机制。

监察机关应当加强对调查、处置工作全过程的监督管理，设立相应的工作部门履行线索管理、监督检查、督促办理、统计分析等管理协调职能。

第三十七条　监察机关对监察对象的问题线索，应当按照有关规定提出处置意见，履行审批手续，进行分类办理。线索处置情况应当定期汇总、通报，定期检查、抽查。

第三十八条　需要采取初步核实方式处置问题线索的，监察机关应当依法履行审批程序，成立核查组。初步核实工作结束后，核查组应当撰写初步核实情况报告，提出处理建议。承办部门应当提出分类处理意见。初步核实情况报告和分类处理意见报监察机关主要负责人审批。

第三十九条 经过初步核实，对监察对象涉嫌职务违法犯罪，需要追究法律责任的，监察机关应当按照规定的权限和程序办理立案手续。

监察机关主要负责人依法批准立案后，应当主持召开专题会议，研究确定调查方案，决定需要采取的调查措施。

立案调查决定应当向被调查人宣布，并通报相关组织。涉嫌严重职务违法或者职务犯罪的，应当通知被调查人家属，并向社会公开发布。

第四十条 监察机关对职务违法和职务犯罪案件，应当进行调查，收集被调查人有无违法犯罪以及情节轻重的证据，查明违法犯罪事实，形成相互印证、完整稳定的证据链。

严禁以威胁、引诱、欺骗及其他非法方式收集证据，严禁侮辱、打骂、虐待、体罚或者变相体罚被调查人和涉案人员。

第四十一条 调查人员采取讯问、询问、留置、搜查、调取、查封、扣押、勘验检查等调查措施，均应当依照规定出示证件，出具书面通知，由二人以上进行，形成笔录、报告等书面材料，并由相关人员签名、盖章。

调查人员进行讯问以及搜查、查封、扣押等重要取证工作，应当对全过程进行录音录像，留存备查。

第四十二条 调查人员应当严格执行调查方案，不得随意扩大调查范围、变更调查对象和事项。

对调查过程中的重要事项，应当集体研究后按程序请示报告。

第四十三条　监察机关采取留置措施，应当由监察机关领导人员集体研究决定。设区的市级以下监察机关采取留置措施，应当报上一级监察机关批准。省级监察机关采取留置措施，应当报国家监察委员会备案。

留置时间不得超过三个月。在特殊情况下，可以延长一次，延长时间不得超过三个月。省级以下监察机关采取留置措施的，延长留置时间应当报上一级监察机关批准。监察机关发现采取留置措施不当的，应当及时解除。

监察机关采取留置措施，可以根据工作需要提请公安机关配合。公安机关应当依法予以协助。

第四十四条　对被调查人采取留置措施后，应当在二十四小时以内，通知被留置人员所在单位和家属，但有可能毁灭、伪造证据，干扰证人作证或者串供等有碍调查情形的除外。有碍调查的情形消失后，应当立即通知被留置人员所在单位和家属。

监察机关应当保障被留置人员的饮食、休息和安全，提供医疗服务。讯问被留置人员应当合理安排讯问时间和时长，讯问笔录由被讯问人阅看后签名。

被留置人员涉嫌犯罪移送司法机关后，被依法判处管制、拘役和有期徒刑的，留置一日折抵管制二日，折抵拘役、有期徒刑一日。

第四十五条　监察机关根据监督、调查结果，依法作出如下处置：

（一）对有职务违法行为但情节较轻的公职人员，按照管理权限，直接或者委托有关机关、人员，进行谈话提醒、批评教育、责令检查，或者予以诫勉；

（二）对违法的公职人员依照法定程序作出警告、记过、记大过、降级、撤职、开除等政务处分决定；

（三）对不履行或者不正确履行职责负有责任的领导人员，按照管理权限对其直接作出问责决定，或者向有权作出问责决定的机关提出问责建议；

（四）对涉嫌职务犯罪的，监察机关经调查认为犯罪事实清楚，证据确实、充分的，制作起诉意见书，连同案卷材料、证据一并移送人民检察院依法审查、提起公诉；

（五）对监察对象所在单位廉政建设和履行职责存在的问题等提出监察建议。

监察机关经调查，对没有证据证明被调查人存在违法犯罪行为的，应当撤销案件，并通知被调查人所在单位。

第四十六条　监察机关经调查，对违法取得的财物，依法予以没收、追缴或者责令退赔；对涉嫌犯罪取得的财物，应当随案移送人民检察院。

第四十七条　对监察机关移送的案件，人民检察院依照《中华人民共和国刑事诉讼法》对被调查人采取强制措施。

人民检察院经审查，认为犯罪事实已经查清，证据确实、充分，依法应当追究刑事责任的，应当作出起诉决定。

人民检察院经审查，认为需要补充核实的，应当退回监察机关补充调查，必要时可以自行补充侦查。对于补充调查的案件，应当在一个月内补充调查完毕。补充调查以二次为限。

人民检察院对于有《中华人民共和国刑事诉讼法》规定的不起诉的情形的，经上一级人民检察院批准，依法作出不起诉的决定。

监察机关认为不起诉的决定有错误的，可以向上一级人民检察院提请复议。

第四十八条　监察机关在调查贪污贿赂、失职渎职等职务犯罪案件过程中，被调查人逃匿或者死亡，有必要继续调查的，经省级以上监察机关批准，应当继续调查并作出结论。被调查人逃匿，在通缉一年后不能到案，或者死亡的，由监察机关提请人民检察院依照法定程序，向人民法院提出没收违法所得的申请。

第四十九条　监察对象对监察机关作出的涉及本人的处理决定不服的，可以在收到处理决定之日起一个月内，向作出决定的监察机关申请复审，复审机关应当在一个月内作出复审决定；监察对象对复审决定仍不服的，可以在收到复审决定之日起一个月内，向上一级监察机关申请复核，复核机关应当在二个月内作出复核决定。复审、复核期间，不停止原处理决定的执行。复核机关经审查，认定处理决定有错误的，原处理机关应当及时予以纠正。

第六章　反腐败国际合作

第五十条　国家监察委员会统筹协调与其他国家、地区、国际组织开展的反腐败国际交流、合作，组织反腐败国际条约实施工作。

第五十一条　国家监察委员会组织协调有关方面加强与有关国家、地区、国际组织在反腐败执法、引渡、司法协助、被判刑人的移管、资产追回和信息交流等领域的合作。

第五十二条　国家监察委员会加强对反腐败国际追逃追赃和防逃工作的组织协调，督促有关单位做好相关工作：

（一）对于重大贪污贿赂、失职渎职等职务犯罪案件，被调查人逃匿到国（境）外，掌握证据比较确凿的，通过开展境外追逃合作，追捕归案；

（二）向赃款赃物所在国请求查询、冻结、扣押、没收、追缴、返还涉案资产；

（三）查询、监控涉嫌职务犯罪的公职人员及其相关人员进出国（境）和跨境资金流动情况，在调查案件过程中设置防逃程序。

第七章　对监察机关和监察人员的监督

第五十三条　各级监察委员会应当接受本级人民代表大会及其常务委员会的监督。

各级人民代表大会常务委员会听取和审议本级监察委员会的专项工作报告，组织执法检查。

县级以上各级人民代表大会及其常务委员会举行会议时，人民代表大会代表或者常务委员会组成人员可以依照法律规定的程序，就监察工作中的有关问题提出询问或者质询。

第五十四条　监察机关应当依法公开监察工作信息，接受民主监督、社会监督、舆论监督。

第五十五条　监察机关通过设立内部专门的监督机构等方式，加强对监察人员执行职务和遵守法律情况的监督，建设忠诚、干净、担当的监察队伍。

第五十六条　监察人员必须模范遵守宪法和法律，忠于职守、秉公执法，清正廉洁、保守秘密；必须具有良好的政治素质，熟悉监察业务，具备运用法律、法规、政策和调查取证等能力，自觉接受监督。

第五十七条 对于监察人员打听案情、过问案件、说情干预的，办理监察事项的监察人员应当及时报告。有关情况应当登记备案。

发现办理监察事项的监察人员未经批准接触被调查人、涉案人员及其特定关系人，或者存在交往情形的，知情人应当及时报告。有关情况应当登记备案。

第五十八条 办理监察事项的监察人员有下列情形之一的，应当自行回避，监察对象、检举人及其他有关人员也有权要求其回避：

（一）是监察对象或者检举人的近亲属的；

（二）担任过本案的证人的；

（三）本人或者其近亲属与办理的监察事项有利害关系的；

（四）有可能影响监察事项公正处理的其他情形的。

第五十九条 监察机关涉密人员离岗离职后，应当遵守脱密期管理规定，严格履行保密义务，不得泄露相关秘密。

监察人员辞职、退休三年内，不得从事与监察和司法工作相关联且可能发生利益冲突的职业。

第六十条 监察机关及其工作人员有下列行为之一的，被调查人及其近亲属有权向该机关申诉：

（一）留置法定期限届满，不予以解除的；

（二）查封、扣押、冻结与案件无关的财物的；

（三）应当解除查封、扣押、冻结措施而不解除的；

（四）贪污、挪用、私分、调换以及违反规定使用查封、扣押、冻结的财物的；

（五）其他违反法律法规、侵害被调查人合法权益的行为。

受理申诉的监察机关应当在受理申诉之日起一个月内作出处理决定。申诉人对处理决定不服的，可以在收到处理决定之日起一个月内向上一级监察机关申请复查，上一级监察机关应当在收到复查申请之日起二个月内作出处理决定，情况属实的，及时予以纠正。

第六十一条　对调查工作结束后发现立案依据不充分或者失实，案件处置出现重大失误，监察人员严重违法的，应当追究负有责任的领导人员和直接责任人员的责任。

第八章　法律责任

第六十二条　有关单位拒不执行监察机关作出的处理决定，或者无正当理由拒不采纳监察建议的，由其主管部门、上级机关责令改正，对单位给予通报批评；对负有责任的领导人员和直接责任人员依法给予处理。

第六十三条　有关人员违反本法规定，有下列行为之一的，由其所在单位、主管部门、上级机关或者监察机关责令改正，依法给予处理：

（一）不按要求提供有关材料，拒绝、阻碍调查措施实施等拒不配合监察机关调查的；

（二）提供虚假情况，掩盖事实真相的；

（三）串供或者伪造、隐匿、毁灭证据的；

（四）阻止他人揭发检举、提供证据的；

（五）其他违反本法规定的行为，情节严重的。

第六十四条 监察对象对控告人、检举人、证人或者监察人员进行报复陷害的；控告人、检举人、证人捏造事实诬告陷害监察对象的，依法给予处理。

第六十五条 监察机关及其工作人员有下列行为之一的，对负有责任的领导人员和直接责任人员依法给予处理：

（一）未经批准、授权处置问题线索，发现重大案情隐瞒不报，或者私自留存、处理涉案材料的；

（二）利用职权或者职务上的影响干预调查工作、以案谋私的；

（三）违法窃取、泄露调查工作信息，或者泄露举报事项、举报受理情况以及举报人信息的；

（四）对被调查人或者涉案人员逼供、诱供，或者侮辱、打骂、虐待、体罚或者变相体罚的；

（五）违反规定处置查封、扣押、冻结的财物的；

（六）违反规定发生办案安全事故，或者发生安全事故后隐瞒不报、报告失实、处置不当的；

（七）违反规定采取留置措施的；

（八）违反规定限制他人出境，或者不按规定解除出境限制的；

（九）其他滥用职权、玩忽职守、徇私舞弊的行为。

第六十六条 违反本法规定，构成犯罪的，依法追究刑事责任。

第六十七条 监察机关及其工作人员行使职权，侵犯公民、法人和其他组织的合法权益造成损害的，依法给予国家赔偿。

第九章　附　则

第六十八条　中国人民解放军和中国人民武装警察部队开展监察工作，由中央军事委员会根据本法制定具体规定。

第六十九条　本法自公布之日起施行。《中华人民共和国行政监察法》同时废止。